Alexander,
König von Asien

Alexander, König von Asien

von Heide Borchhardt

vgs

Die Deutsche Bibliothek – CIP-Einheitsaufnahme

Borchhardt, Heide:
Alexander, König von Asien: Geschichte einer Spurensuche /
Heide Borchhardt. – Köln: vgs, 1991
ISBN 3-8025-2213-3

1. Auflage 1991

Lektorat: Brigitte Kempkens
Satz: ICS Communikations-Service GmbH, Bergisch Gladbach
Schutzumschlag: Fred Papen, Köln
Druck und Verarbeitung: Druckerei Fortschritt, Erfurt
Printed in Germany
ISBN 3-8025-2213-3

Inhalt

Vorwort

Einen Heerführer oder Staatsmann mit dem Beinamen ›Der Große‹ zu schmücken, fällt uns Heutigen sehr schwer. Wir sind skeptisch, weil dieser Ehrung leicht etwas Verklärendes anhaftet. Und da wir aus der Geschichte wissen, daß Alexanders Eroberungen blutige Feldzüge waren, können wir aus den Erfahrungen unseres Jahrhunderts seine Taten nicht mehr uneingeschränkt als »großartig« ansehen.

Um die Person Alexanders ranken sich ungewöhnlich viele Spekulationen, Legenden und Geschichten. Sein Leben und sein Sterben waren Quelle für zahlreiche Sagen bei den Völkern des Orients.

Eine Wirklichkeit nach Jahrhunderten zu rekonstruieren, kommt kriminalistischer Kleinarbeit nahe – sofern es überhaupt möglich ist, ein einigermaßen authentisches und gerechtes Bild zu zeichnen. Das vorliegende Buch versucht, auf einigen Spuren Alexanders zu gehen und Teile seines Lebens zu beschreiben, das nur 33 Jahre dauerte – eine aus heutiger Sicht kurze Zeit. Die Jahre von der Ermordung seines Vaters 336 v. Chr. bis zu seinem eigenen Tod 323 v. Chr. war er beinahe ständig mit seinem Heer unterwegs. Persien, Syrien, Ägypten, Indien, Afghanistan – ein Blick auf die Landkarte läßt erkennen, welche Leistung es war, diese Länder von Griechenland aus zu Fuß zu erreichen.

Alexander erzwang eine Öffnung der mit den Namen dieser Länder verknüpften Lebenswelten: Europa, Asien und Afrika prallten in seiner Regierungszeit regelrecht aufeinander.

Das Ergebnis war eine erste Begegnung und Vermischung bis dahin einander fremder Welten. Die wenigen erhaltenen Kulturen und besonders die zahlreichen überlieferten Kunstschätze stammen aus dieser Zeit, zeugen von dem Reichtum, der mit diesem Austausch einherging. Ungewöhnlich ergiebig war auch die Begegnung zwischen den verschiedenen Religionen und Philosophien dieser Epoche, deren Ideenwelt bis in unsere Gegenwart nachwirkt. Ein Symbol hierfür war die berühmte Bibliothek in Alexandria, die längst in Flammen aufgegangen und unter der modernen Stadt begraben ist.

Heute ersehnen wir in schwierigen weltpolitischen Situationen oft eine bessere Verständigung zwischen den einander so fremden Welten unserer westlichen Hemisphäre sowie dem Orient und

Asien, die über die Maßen schwierig zu sein scheint. Um so erstaunter blicken wir in die Vergangenheit, in der ein einziger Mensch eine ganze Welt in Bewegung brachte.

Dieses Buch ergänzt und vertieft die dreiteilige Dokumentation, die das ZDF in Zusammenarbeit mit dem ORF produziert hat. Zu wünschen ist, daß seine Lektüre Anregung für eine immer neue, erfrischende Auseinandersetzung mit längst vergangenen Zeiten ist – mit Zeiten, aus denen wir auch für unsere Gegenwart Lehren ziehen können.

Wolfgang Homering

Prolog

Ein Blitz hat die elektrische Leitung getroffen. Ich stehe im Dunkeln und schaue in die Julinacht hinaus. Das Gewitter hat aufgehört, Regen rauscht hernieder: Monsun. Das Camp im nordindischen Dschungel, dicht an der nepalesischen Grenze, ist während der Monsunzeit geschlossen. Ich habe eine Genehmigung aus Delhi dabei, und so führte mich der Aufseher – wenn auch ungern – zu einer der Holzhütten. Es ist ja nur für eine Nacht, aber diese Nacht scheint nicht enden zu wollen. Ich lege mich auf das Bett. Heerscharen von Moskitos, die der elektrische Ventilator vielleicht hätte vertreiben können, stürzen sich hungrig auf mich, das einzige Opfer weit und breit. Gott sei Dank bin ich vor kriechendem Ungeziefer, vor Skorpionen und Schlangen, sicher; die Hütte steht auf Pfählen.

Der Regen läßt nach, Kühlung hat er nicht gebracht. Die Luft steht schwül-heiß im Raum. Draußen ist längst das Leben im Dschungel erwacht, bricht mit unheimlicher, unerwarteter Lautstärke mir fremder Stimmen und Geräusche herein. Schweißgebadet liege ich, versuche mich abzulenken: Meine Gedanken schweifen zurück in längst vergangene Zeiten, in das Jahr 326 v. Chr., zu einem Heer abendländischer Soldaten, die – angetrieben von ihrem König – bei Monsunregen durch den indischen Dschungel marschierten: Es waren Makedonen und Griechen, die Soldaten Alexanders des Großen. Nicht in schützender Holzhütte wie ich, sondern in ewig nassen Zelten auf regendurchweichtem Boden, in Kleidern, die nicht mehr trocknen konnten, nächtigten sie, von Ruhr, Typhus und Malariafieber geschüttelt.

Die Flüsse waren vom Regen hoch angeschwollen, immer mühsamer und gefahrvoller wurde ihre Überquerung. Am Ufer des Hyphasis, dem heutigen Beas, verweigerten die Soldaten ihrem

König den Gehorsam. Weder Drohungen noch Versprechungen vermochten sie umzustimmen. Der Eroberungszug Alexanders des Großen, vom kleinen Land Makedonien im Norden der griechischen Halbinsel bis hin zum fernen Indien, hatte seinen östlichsten Punkt erreicht (Abb. 64).

Im Geschichtsatlas zieht der Zug des Heeres als farbiger Strich über die Landkarte und endet nicht weit hinter der heutigen Grenzlinie zwischen Pakistan und Indien.

Nun im Dunkel der Dschungelnacht, nicht weit entfernt von jenem Ort, löst sich vor meinem inneren Auge dieser Strich auf, werden aus der anonymen Masse dieser Armee einzelne Menschen. Sie ziehen in unendlich langem Zug an mir vorbei, Schweiß rinnt über ihre Gesichter und Körper, die Kleider sind schmutzig, hängen teils in Fetzen; das Gewicht ihrer Waffen, Helm, Schild, Lanze, Schwert, doch gewohnt seit vielen tausend Kilometern, scheint zur unerträglichen Last geworden. Nur wenige sehe ich mit intaktem Schuhwerk. Die vom Regen schlammigen Wege haben das Leder aufgeweicht. Lumpen sind um die Füße gewickelt, viele laufen barfuß, den Bissen von Insekten, Skorpionen und giftigen Schlangen wehrlos ausgesetzt. Dort stützen zwei einen entkräfteten Kameraden, hier hat ein anderer sich einfach fallen lassen und wartet, daß der nachfolgende Lazarettzug sich seiner annehmen wird. Indische Ärzte versuchen den griechischen zu helfen, sind diese doch der tropischen Krankheiten und der Behandlung giftiger Schlangenbisse unkundig.

Anscheinend bin ich gegen Morgen zur Freude der Moskitos in einen unruhigen Schlaf gefallen. Gesicht, Arme und Beine sind völlig zerstochen, die gespannte Erwartung auf einen mehrstündigen Elefantenritt, tiefer hinein in die grüne, von Nässe tropfende Wildnis, ist etwas gedämpft.

Der Mahut vor mir lenkt sein Tier mit rhythmischen Bewegungen und dem Elefantenstachel. Er hat den Ehrgeiz, einen Tiger für mich zu erspähen, vergeblich. Ich kann auch nicht besonders gut sehen, da meine Brillengläser dauernd beschlagen und der pausenlos herabrinnende Schweiß in den Augen brennt. Auch die Visionen der Nacht halten mich noch in Bann; wieder vermeine ich, schemenhaft entfernt, einen Zug erschöpfter Männer im vor Feuchtigkeit dampfenden hohen Gras verschwinden zu sehen, und wenn von den Chronisten des Zuges berichtet wird, daß die Soldaten ihrem König Alexander nicht mehr folgen wollten, so war es wohl eher so, daß sie ihm nicht mehr folgen konnten. Sie waren am Ende ihrer Kräfte. Nicht ein ehrenvoller Tod im Kampf, sondern qualvolles Sterben an Krankheit und Erschöpfung stand ihnen als Schicksal vor Augen, und ihre Heimat, Makedonien, war unendlich fern.

Wieder schüttet es vom Himmel. In Kürze bin ich vollends durchweicht. Der Aufseher und mein Fahrer erwarten mich mit heißem, süßem Tee im Camp. Ich kann trockene Kleidung anziehen und nachdem der Regen etwas nachgelassen hat eine klimatisierte Limousine besteigen, die mich spät nachts noch rechtzeitig zu meinem Flug Delhi–Frankfurt bringt.

Im Morgengrauen bereits überfliege ich Makedonien, Alexanders Heimat. Keine 24 Stunden habe ich für die Strecke benötigt, die Alexanders Soldaten in acht langen Jahren marschiert sind. Viele von ihnen, auch der König selbst, sahen ihr Land nie wieder.

1. Teil

Der Kampf der Könige

König Philipp und der Aufstieg Makedoniens

Im Nordwesten der griechischen Halbinsel erhebt sich das über 2000 Meter hohe Bergmassiv des Olymp, die Wohnstatt der griechischen Götter. Bei klarem Wetter ragt seine bis ins Frühjahr schneebedeckte Kuppe über die bewaldeten Vorberge in seinem Norden, die die makedonische Ebene begrenzen.

Es ist Mai und sommerlich warm trotz der heftigen Regengüsse am Vortage. Wir, mein Kamerateam und ich, verlassen am frühen Morgen Thessaloniki, die Hauptstadt der griechischen Provinz Makedonien. Ein Stück geht es auf der Autobahn am Thermäischen Golf entlang Richtung Süden, dann biegen wir auf der Straße nach Beroia Richtung Osten ab. Rechts und links erstreckt sich jetzt bebautes, fruchtbares Land, Schwemmland, daß die Flüsse aus den Bergen herabtransportiert haben.

Zu Alexanders Zeit hätte uns der Weg von Norden her um die damals weit ins Land hineinreichende Bucht herumgeführt, um das Dorf Vergina am Fuße der olympischen Vorberge zu erreichen. In der Antike hieß der Ort Aigai. Er war die erste Hauptstadt des kleinen Staates Makedonien. Von den Hängen oberhalb Verginas ertönen die Glöckchen der Ziegen, die auch in antiker Zeit hier weideten und der Stadt wohl ihren Namen gaben.

Um 1000 v. Cr. waren Griechen vom Stamm der Dorer in das bergige Land eingewandert, wurden seßhaft und gründeten Siedlungen an den fruchtbaren Hängen um die große Bucht.

Ihre Nachkommen in Vergina feiern bei unserer Ankunft gerade eine Hochzeit

Die Griechen sind sehr gastfreundlich: Maria und Georgos, das Brautpaar, laden uns in der gastfreundlichen Art der Griechen ein, an der fröhlichen Gesellschaft teilzunehmen. An einer langen, reich gedeckten Tafel schmausen wir mit den zahlreichen Hochzeitsgästen im Freien zur alten Dudelsackmusik. Längst zuckt es alt und jung in den Beinen, und kaum ist das letzte Hühnerbein verzehrt, fassen Männer und Frauen sich im Kreis bei der Hand. Auf der Dorfstraße wird zum Tanz aufgespielt. Ich reihe mich mit ein, drehe mich mit. Der Asphalt unter meinen Füßen scheint sich aufzulösen, ein unregelmäßiges Pflaster aus behauenen Steinen kommt zum Vorschein. Die Straße ist nun viel schmaler geworden, die Häuser, hinter lehmverputzten Mauern verborgen, sind näher zusammengerückt, fröhliche Stimmen ringsum. Frauen in langen fließenden Gewändern, die Haare zum Knoten hoch geschlungen, stehen in schwatzenden Gruppen zusammen. Alte, bärtige Männer sitzen in Feiertagsstimmung vor den Hoftoren, eine Gruppe junger Männer in kurzen, gegürteten Kleidern bildet tanzend einen Kreis. Einer spielt die Doppelflöte dazu, und ich komme hoffnungslos aus dem Takt. Lautes Gelächter ringsum. Georgos meint freundlich, ich müsse seit meinem letzten Griechenlandaufenthalt meine Tanzkünste verlernt haben. Dem muß ich zwar zustimmen, bringe zu meiner Entschuldigung jedoch hervor, ich hätte mir vorzustellen versucht, wie seine Vorfahren vor genau 2327 Jahren hier im Ort, damals Aigai genannt, gefeiert haben, als König Philipp II. von Makedonien, der Vater Alexanders des Großen, hier eine Fürstenhochzeit ausgerichtet hat.

Maria, Georgos und die jüngeren Gäste sind von dieser Vorstellung begeistert, und als wir uns nun dankend verabschieden, begleiten sie uns mit Musik und Tanz den Weg zum Dorf hinaus, den Hang hinauf dorthin, wo einstmals König Philipps Palast sich erhob. Noch einmal Segenswünsche für die Brautleute, dann betreten wir allein den umzäunten Palastbezirk (Abb. 1).

Der würzige Duft der Pinien umgibt uns, das unaufhörliche Schrillen der Zikaden erfüllt die sommerliche Luft. Musik und Stimmen aus der Ferne betonen noch die Stille, die über den Ruinen liegt, in denen einst so reges Leben herrschte. Philipp von Makedonien verheiratete hier im Jahre 336 v. Chr. seine Tochter Kleopatra mit Alexander, dem König der Molosser, einem Volk im Nachbarland Epiros, jenseits der Berge im Westen. Achilleus, der gewaltige Streiter des griechischen Heeres im Kampf um Troja, den Homer in seinem großen Epos, der Ilias, besingt, ist der Ahnherr des Königs von Epiros. Olympias, seine Schwester, ist Philipps Gemahlin und die Mutter Kleopatras. Diese heiratet also ihren Onkel. Es ist eine politische Hochzeit. Philipp, der die Balkanstämme des Nordens, die Thraker und Illyrer, unterworfen und die Griechenstädte des Südens besiegt hat, will sich den Rücken im Westen freihalten. Zu den zahlreichen vornehmen Gästen gehören Gesandtschaften der griechischen Städte des Mutterlandes, aus Unteritalien, Sizilien und auch Kleinasien, die Vasallenfürsten des Balkans und natürlich makedonischer und molossischer Adel. Sie alle haben sich wohl zuvor schon in der Hauptstadt Pella eingefunden, denn sicher hat Philipp diese Hochzeit für diplomatische Aktivitäten genutzt. Mit Pferd und Wagen sind sie nun hier in Aigai angekommen. Wie sie betreten auch wir den Palast durch den geräumigen, etwa zehn Meter langen, dreigeteilten, von hohen Säulen getragenen Torbau. Dahinter öffnet sich der weite, von Säulen umstandene Innenhof; etwa 50 Meter mißt er im Geviert. Der Grundriß der Anlage und der einzelnen Räumlichkeiten ist nach Grabungs- und Aufräumarbeiten, die bis in die 60er Jahre andauerten, gut zu erkennen. Einige der schweren Türschwellen aus Marmor liegen noch an Ort und Stelle. Das Baumaterial war vorwiegend Poros, einheimischer Kalkstein. Grau verwittert liegen mächtige Blöcke von Tür- und Dachgebälk umher, ebenso die Trommeln der einst neun Meter hohen Säulenschäfte. Selbst wenn es gelänge, aufgrund der erhaltenen Bauteile Philipps Palast detailgetreu zu rekonstruieren, erhielten wir nur einen entfernten Abglanz seiner einstigen Pracht, wie sie sich im Jahre 336 v. Chr. den Hochzeitsgästen darbot. Denn wie jede griechische Skulptur, jeder griechische Tempel, so war auch dieser Palast über und über farbig gestaltet, leuchtete in Weiß, Schwarz, Grau, Rot, Blau, Gelb und Gold. Baumeister und Bildhauer galten den Griechen als Handwerker, der Maler dagegen als Künstler, der Skulptur und Architektur erst ihren endgültigen Glanz verlieh. Wie auch Philipps Gäste wenden wir uns nach Durchschreiten des Tores nach links und betreten einen ehemals überwölbten runden Raum, wohl das Heiligtum des Palastes, in dem der König als oberster Priester am Morgen des Hochzeitstages die kultischen Handlungen vollzog. »Heraklei Patroioi« stand auf einem im Boden eingelassenen Sockel: dem Herakles, dem Stammvater des makedonischen Königshauses. Als Sohn des Zeus und Halbgott war er Alexanders Vorbild auf seinem späteren Eroberungszug durch Asien; an Heldentaten wollte er ihn noch übertreffen.

Mit Philipp und den vornehmsten und liebsten seiner Gäste begeben wir uns durch die den Hof umgebende Säulenhalle zum größten und prächtigsten der Banketträume (Abb. 3). Der Boden war früher mit einem farbigen Mosaik aus Kieselsteinen ausgelegt, so wie er sich in einem der kleineren Säle erhalten hat. Ein kreisförmiges Blumenornament aus stilisierten Palmetten und Voluten, aus denen in den vier Raumecken eine weibliche Gestalt emporwächst.

Die Wände des Saales waren mit Tafelbildern und Wandmalereien geschmückt; sicher waren Schlachtenbilder aus Philipps siegreichen Feldzügen darunter und Themen aus der griechischen Götterwelt. Vielleicht waren die Heldentaten von Philipps Ahnherrn Herakles dargestellt oder von Achilleus, dem Ahnherrn des Königs und Jugendidol Alexanders.

Welch unvollkommene Vorstellung haben uns bisher die schriftliche Überlieferung und die römischen Kopien griechischer Bilder vermittelt! Jetzt, in Aigai, sehen wir erstmals die Königin der griechischen Künste, die große Malerei, im Original vor uns: Nicht im Palast, in einer Totenkammer ist sie uns erhalten. So auch hat der Maler nicht die lichten Götter des Olymp zum Thema, sondern den Gott der Unterwelt, des Totenreiches: Pluton raubt Persephone (Abb. 4). Wild stehen die roten Haare dem finster blickenden Gott ums Haupt. Im Sprung auf den Wagen – sein linkes Bein schwebt noch in der Luft – ergreift er schon die Zügel. Die Pferde galoppieren an, geführt von Hermes, dem Totengeleiter, der dem Gespann voraneilt, ja voranfliegt, denn kaum scheinen seine Füße den Boden zu berühren. Die junge Frau, die der Herr des Totenreiches mit seinem linken Arm gefaßt hält, ist Persephone, die einzige Tochter der Demeter, der Göttin der Fruchtbarkeit. Auf einer Blumenwiese hat Persephone gespielt, als der Gott sie entführt. Verzweifelt streckt sie die Arme zurück, entsetzt blickt ihre Gespielin der Geraubten nach.

Ein Wagenrennen, beliebter aristokratischer Sport bei Makedonen und Griechen, ziert als umlaufender Fries das Grab eines jungen Prinzen. König Philipp errang in dieser Disziplin bei der Olympiade den Siegerkranz.

Wie Fürstenhöfe zu fast allen Zeiten waren auch die makedonischen Königshöfe Förderer der Künste und großer Künstler. Der griechische Dichter Pindar war hier in Aigai zu Gast und hat seine Verse gesungen, und Euripides, der letzte der drei großen griechischen Dramatiker, verbrachte seine Altersjahre in der Hauptstadt Pella und verewigte seinen Gönner, König Archelaos, in einem Theaterstück. Seinen Palast hatte Archelaos von einem der berühmtesten Maler, von Zeuxis, ausmalen lassen.

So prächtig ausgestattet müssen wir uns auch den Palast von Aigai vorstellen, den Philipp hat errichten lassen, und den Bankettsaal, in dem er mit seinen Gästen auf Klinen, auf Ruhebetten, zur Tafel lag. Philipps Kline war besonders kostbar verziert mit einem Figurenfries aus Elfenbein. Die Köpfe der Figuren sind nur etwas über drei Zentimeter groß und doch so fein geschnitzt, daß wir sie als Portraits erkennen können; darunter sind Portraits König Philipps und seines Sohnes Alexander, die einzigen, die uns aus ihren Lebzeiten im Original erhalten geblieben sind (Abb. 5 u. 6). Das von einem gestutzten Bart gerahmte Gesicht Philipps drückt Vitalität und Willensstärke aus. Die Narbe über seiner rechten Augenbraue und den etwas starren Blick des rechten Auges hat der Künstler getreu wiedergegeben, denn Philipp hat im Jahre 354 im Kampf eine Augenverletzung erlitten, die zur Erblindung des rechten Auges führte.

Das Portrait des jungen Alexander zeigt ebenfalls die uns aus der schriftlichen Überlieferung bekannten typischen Züge: Die linke Halsseite ist gebogener und länger als die rechte, eine Anomalie von Geburt an. Der Kopf ist leicht nach rechts gewendet, seine großen Augen sind schräg nach oben gerichtet. Von ihnen wird gerühmt, daß sie feucht und sanft, zugleich aber so wild wie die eines Löwen zu blicken vermochten. Seine durch einen Wirbel über der Mitte der Stirn aufrecht stehenden Haare hatte der Künstler, wie auch bei den anderen Köpfen, aus vergänglichem Material gebildet.

Ein drittes, weibliches Portrait möchte der Ausgräber von Aigai, Professor Andronikos, der Königin Olympias zuweisen. Wenn dem so ist, muß die Kline, auf der Philipp das Fest feiert, schon einige Jahre zuvor gefertigt worden sein, denn Olympias, Alexanders Mutter, nimmt an der Hochzeit ihrer Tochter Kleopatra nicht teil. Sie hat sich grollend in ihre Heimat Epiros zurückgezogen, als Philipp ein Jahr vorher die 16jährige Nichte seines makedonischen Generals Attalos zur zweiten legitimen Ehefrau genommen hat. Es war eine Liebesheirat. Olympias, eine herrschsüchtige, leidenschaftliche und stolze Frau, litt seit Jahren unter der Polygamie des Königs und ebenso der junge Alexander, der auf seiten der Mutter steht.

Philipps Trink- und Eßservice ist von auserlesenem Geschmack, aus Silber getrieben, teils vergoldet, verziert mit dionysischen Motiven wie dem Kopf eines Satyrs aus dem Gefolge des Dionysos (Abb. 7). Der Kult dieses Gottes war besonders hier im Norden

der griechischen Halbinsel beliebt. Er wurde in Makedonien wilder und ekstatischer gefeiert als im Süden. Olympias, die Königin selbst, auch sonst von zügellosem Temperament, nahm – Schlangen um den Hals gelegt wie die Mänaden, das weibliche Gefolge des Gottes – an den orgiastischen Umzügen des Dionysos teil. Neben den Helden Achilleus und Herakles finden wir auch Dionysos als Leitfigur auf Alexanders späterem Eroberungszug. In Indien vermeint er ihn und seinen Kult wiedergefunden zu haben.

Das Spielen eines Instrumentes, Musik und Tanz gehörten in Griechenland wie in Makedonien zur Ausbildung der Jugend. Philipp war ein besonders begeisterter Tänzer. Hier beim königlichen Hochzeitsgelage fanden sicher Musik- und Tanzvorführungen zur Erbauung der Gäste statt.

Das ununterbrochene Konzert der Zikaden tönt uns im Ohr, als wir noch einmal den Säulenhof umwandern zum Portal hinaus, um uns in das Rund des sechzig Meter unterhalb der mächtigen Palastterrasse gelegenen Theaters zu begeben (Abb. 2). Die Sonne versinkt langsam hinter den Hügeln im Westen, Stille und Friede auch hier, wo einstmals Trubel und laute Fröhlichkeit herrschten. Denn Tage vor dem Hochzeitsfest waren die Makedonen aus näherer und weiterer Umgebung hierher nach Aigai geströmt, um an den Festlichkeiten in der Stadt teilzunehmen und die feierlich-prächtige Prozession zu sehen, in der Philipp am Morgen nach dem Bankett zum Theater hinabschritt. Vor dem König, der einen schweren goldenen Eichenkranz auf dem Haupt trug, wurden die goldenen Statuetten der zwölf griechischen Götter getragen, dazu eine dreizehnte, die den König selbst darstellte; wollte er sich einreihen in die Schar der Götter, göttliche Ehren genießen?

Vor Philipp schritten die beiden Alexander, sein Sohn und Schwiegersohn, hinter ihm seine Leibwächter und die Leibgarde aus makedonischem Adel.

Gespannte Erwartung erfüllt die Zuschauermenge. Schon hat die Spitze des Zuges den Eingang erreicht, da blitzt die Schneide eines Dolches auf; tödlich getroffen stürzt der König. Geschrei, Tumult entsteht. Während der Sohn Alexander dem sterbenden Vater beisteht, ergreift die Leibwache den fliehenden Mörder, der dabei erschlagen wird. Der um den toten König und Alexander sich scharende Hofadel begrüßt Alexander als den neuen König Makedoniens. Jetzt gilt es entschlossen zu handeln, denn noch weiß man nicht, ob es die Tat eines einzelnen gewesen ist oder ein politisches Komplott auch gegen den Thronerben. Verdächtige

werden gefangengesetzt, Untersuchungen eingeleitet. Alexander aber muß erst den Vater bestatten, ehe er in die Hauptstadt eilen und Vorbereitungen treffen kann, um den drohenden Aufständen bei den unterworfenen Völkern des Nordens und bei den Städten Griechenlands entgegenzutreten. So wird in aller Eile Philipps Grab gebaut. Auf einem mächtigen Scheiterhaufen wird des Königs Leiche verbrannt. Seine Gebeine werden gesammelt, gewaschen und in einer goldenen Kassette beigesetzt.

Ein kühler Abendwind hat sich erhoben, läßt mich frösteln an diesem Ort, an dem ein so schreckliches und zugleich bedeutsames Ereignis der Geschichte konkret Gestalt für mich annimmt.

Seit etwa einem Jahrzehnt erst wissen wir, daß dieses Theater der Originalschauplatz des Mordes, daß die Ruinen bei Vergina zur altmakedonischen Hauptstadt Aigai gehören. Aus ihrer Bedeutungslosigkeit traten sie durch eine der sensationellsten archäologischen Entdeckungen dieses Jahrhunderts: Der Ausgräber, Professor Manolis Andronikos, fand hier das Grab, das Alexander seinem Vater errichten ließ. Noch unversehrt kam es unter einem riesigen Erdhügel zum Vorschein. In ihm fand sich der marmorne Sarkophag, der die goldene Kassette barg, ihr Deckel geschmückt mit dem Stern, dem Wappen der makedonischen Könige, darin, in ein mit Purpur und Gold durchwirktes Tuch gehüllt, die Gebeine des Toten, auf ihnen der goldene Eichenkranz, den Philipp an seinem letzten Tag getragen hatte. Ringsum lagen die persönlichen Gegenstände des Königs, auch das Eß- und Trinkgeschirr, das er beim Hochzeitsfest benutzt hatte. Alexander gab ihm seine Waffen mit, den eisernen Brustpanzer, mit goldenen Löwenköpfen verziert (Abb. 8), die kostbar gearbeiteten Schilde, Schwerter und Lanzen, seine Beinschienen, die linke kürzer als die rechte, aus Rücksicht auf eine Verwundung des Königs, seit der er hinkte.

Alle diese Funde haben wir im Museum von Thessaloniki schon bewundert, haben sie am Abend – teils außerhalb ihrer Vitrinen – filmen dürfen unter der Aufsicht des Hauptrestaurators, unter dessen kundigen Fingern sie in jahrelanger Puzzlearbeit wiedererstanden sind.

Morgen früh wird Angeliki, die Assistentin von Professor Andronikos, aus Thessaloniki herüberkommen. In ihrer Begleitung werden wir nun auch das Grabmal selber filmen dürfen. So schlafen wir heute nacht in Vergina, in einer kleinen, sauberen Pension. Die gemütliche Wirtin, im Morgenrock, umschnurrt von

ihren Katzen, trinkt noch einen Ouzo mit uns zusammen auf der Terrasse des Daches. Karsten und Henner gehen schlafen, für sie wird es morgen anstrengende Arbeit geben. Der Mond scheint hell über die Ruinen von Aigai und die weite makedonische Ebene. Meine Gedanken wollen mir noch keine Ruhe geben: So wie andere Menschen sich von der Zukunft und ihren technischen Möglichkeiten, von Science-fiction-Vorstellungen faszinieren lassen, bin ich immer wieder neugierig auf die Vergangenheit, auf die Menschen, die vor langer Zeit die Entwicklung der Geschichte bis hin zu unserer Gegenwart beeinflußt haben, auf deren Ideen und Erfindungen letztendlich unsere Zivilisation beruht.

In den alten Hochkulturen Ägyptens und Vorderasiens sind es zumeist die Behausungen der Toten, die uns Aufschluß geben über ihr Leben. Als Nachruf sozusagen erfahren wir ihren Namen, ihren Beruf und ihre soziale Stellung. Bilder und Grabtexte geben uns Aufschluß über ihren Glauben, ihre Jenseitsvorstellungen. Inschriften an Tempeln berichten über die Taten der Könige, von Göttern und den ihnen zukommenden Funktionen, von Riten und Opfern. Darstellungen zeigen uns, wie die Menschen aussahen, wie sie gekleidet waren, was sie aßen, welches Handwerkszeug sie verwendeten. Der einzelne aber, die individuelle Persönlichkeit, bleibt uns zumeist verborgen.

Genau umgekehrt ist es bei König Philipp: Seine Persönlichkeit, seine Taten, seine Denk- und Handlungsweise, sind uns aus der griechischen Überlieferung gut bekannt. Die Entdeckung seines Grabes ist sozusagen das Tüpfelchen auf dem »i«. Es bestätigt in überwältigender Weise, was wir zuvor schon wußten. Obendrein sehen wir zum ersten Mal in dem aus Elfenbein zu Philipps Lebzeiten gefertigten Portrait seine authentischen Gesichtszüge vor uns.

Es ist kein Wunder, daß sich die Griechen so stark mit Philipp beschäftigt haben, hatte doch kaum ein Politiker außerhalb Griechenlands die Hellenen so stark in zwei Parteien gespalten, pro oder contra Makedonien. Philipp hatte seine Jugendzeit in einem der damals mächtigsten der griechischen Stadtstaaten verbracht, in Theben. Die Intrigen innerhalb der Stadt, das politische Ränkespiel der Städte untereinander hatte er hautnah miterlebt und sicher viel für seine eigene Politik davon gelernt. Das Wort Politik geht ja auf das griechische Wort für Stadt zurück, auf die »Polis«, ebenso wie wir aus Griechenland den Begriff der Demokratie übernommen haben, der Herrschaft des Volkes, das heißt damals der Vollbürger einer Stadt, wie sie vor allem in Athen praktiziert wurde.

Griechenland bestand aus einer Vielzahl solcher Poleis, die um Vorrangstellung und um wirtschaftliches Überleben miteinander stritten und in ihrem egoistischen Partikularismus sich gegenseitig bis zur völligen Ohnmacht schwächten. Die Zeit, in der sich die Hellenen zum nationalen Freiheitskampf gegen die von Asien her eingefallenen Perser vereinigt hatten, lag schon 150 Jahre zurück.

Nun zog durch das Erstarken Makedoniens eine neue Gefahr für die hellenischen Städte auf. Philipps Siege im Norden ließen vor allem die antimakedonische Partei Athens nicht mehr schlafen, besonders einen nicht: Demosthenes. Mit seiner meisterhaften Beherrschung der griechischen Sprache, die ihn zum berühmtesten Redner Griechenlands gemacht hat, mit der ganzen Leidenschaft eines Politikers, der an die große Aufgabe seiner Stadt Athen glaubte, wendet er sich gegen Philipp, für ihn nur ein barbarischer Tyrann.

Die Idee der Zukunft aber gehört dem fast 100jährigen Isokrates, ebenfalls einem großen Redner und Publizisten Athens. Seine politischen Flugschriften werden in allen griechischen Städten gelesen. Er sieht in Philipp den Retter, die Chance für das handlungsunfähige, im Zank erstickende Hellas. Philipp, so schreibt er ihm in einem seiner öffentlichen Briefe, möge der Zwietracht ein Ende bereiten, er möge die nationale Idee bei allen Griechen neu entfachen, die makedonischen mit den griechischen Kräften vereinen und den Krieg nach Kleinasien hinübertragen, um das persische Großreich zu besiegen.

Nicht weit von Theben, in der Ebene von Chaironeia, schlägt Philipp das griechische Aufgebot. Alexander, sein Sohn, erst 18 Jahre alt, führt an der Spitze seiner Reiterei den entscheidenden Schlag. Ihn sendet Philipp mit der Asche der gefallenen Athener als Versöhnungsgeste nach Athen. In Korinth aber zwingt Philipp nach der Schlacht die griechischen Stadtstaaten, sich zu einem Bund zusammenzuschließen.

So maßlos der König in seinem persönlichen Lebensstil sein mochte, in seinen politischen Entscheidungen hielt er doch stets ein vernünftiges Maß. So beansprucht er selbst keine Stimme in der in Korinth gegründeten Bundesversammlung, denn Makedonien gehört nicht dazu. Jeder Stadtstaat behält seine eigene politische Verfassung, bleibt selbständig. Außenpolitisch aber sind den Städten die Hände gebunden. Der makedonische König wird zum obersten Feldherrn des Bundesheeres für alle Zeiten ernannt.

Den Wunsch des Isokrates, dem Hader möge ein Ende gesetzt

werden, hat Philipp erfüllt. De facto aber haben die Griechen damit ihre Freiheit verloren.

Auch die zweite Hoffnung des Isokrates wird vom König in die Tat umgesetzt: Er ruft zum Rachekrieg gegen die Perser auf.

Das Bundesheer rüstet, ein Teil des makedonischen Heeres ist bereits nach Kleinasien übergesetzt. Kurz vor seinem eigenen Aufbruch, auf der Hochzeit seiner Tochter, ereilt Philipp sein tragisches Ende.

Seine Regierungszeit war bestimmt durch den Gegensatz zwischen Makedonien und Hellas. Der Aufstieg des einen ging einher mit dem Niedergang des anderen. Und obwohl Hellas durch Philipp seine Unabhängigkeit verlor, so war mit dem Aufbruch nach Asien doch ein gemeinsamer Neuanfang geplant.

Wir lassen seinen erbittertsten Gegner Demosthenes zu Wort kommen, der am Grab der Gefallenen von Chaironeia klagte:

»Die Tapferkeit dieser Männer, das war das Leben Griechenlands. Als ihr Lebenshauch entschwand, verlor Hellas seine Selbstachtung. Wir mögen Schuld haben, weil wir uns überschätzt haben, und doch gilt: Verschwände das Licht des Tages aus unserer Welt, trübe und mühselig wäre, was vom Leben uns bliebe, gleich wie durch den Tod dieser Männer aller Glanz der Hellenen nun in Dunkelheit und tiefe Niedrigkeit gesunken ist.«[1])

Das Schlußwort zum Kapitel Philipp erteile ich dem 98jährigen Isokrates, der nach Chaironeia an den König schreibt:

»Unübertrefflich wird Dein Ruhm sein und wert Deiner vergangenen Taten, wenn Du nun die Barbaren zu Sklaven der Griechen machst und den König, der sich jetzt der Große nennt, Deinem Gehorsam unterwirfst. Dann bleibt nur eines übrig noch für Dich, ein Gott zu werden.«[2])

Philipp und Alexander

Angeliki ist eingetroffen. Draußen scheint auch heute hell und warm die Sonne über Aigai. Wir aber steigen im Dämmerlicht die Stufen hinab zwischen Wänden aus Erde, die einstmals Philipps Grab verbarg. In strahlend weißem Marmor erhebt es sich vor uns in Form

1) Demosthenes, 3. Brief an Philipp II., V ff.
2) Isokrates Grabrede, XXIV ff.

eines kleinen Tempels (Abb. 9). In der Fassadenmitte die hohe zweiflügelige Tür, flankiert von zwei Halbsäulen. Zwei Halbpfeiler rahmen den Bau an den Seiten ein. Keiner hat diese Tür jemals geöffnet, seit sie vor fast zweieinhalb Jahrtausenden geschlossen wurde für alle Ewigkeit, auch der Ausgräber, Professor Andronikos, nicht. Er und seine Kollegen stiegen mittels einer Leiter durch eine kleine Öffnung im rückwärtigen Teil des Dachgewölbes zu Philipps letzter Ruhestatt hinab. Gewölbe und Wände waren offensichtlich in kürzester Zeit errichtet worden. Die Innenwände waren unverputzt und ungeglättet geblieben, die malerische Ausgestaltung fehlte ganz. So finden wir die schriftliche Überlieferung bestätigt von der Eile, in der Alexander seinen Vater bestattete, um in die Hauptstadt Pella zurückeilen zu können.

Direkt hinter der Fassade, also vor Philipps Grabkammer, liegt ein zweiter Raum, in dem sich neben den kostbarsten Beigaben eine Goldkassette mit den Gebeinen einer Toten fand. Auch sie fand durch ein grausames Schicksal den Tod.

Olympias, die zürnende, rachsüchtige Königin, deren Beteiligung an dem Mordkomplott auf Philipp wir allenfalls vermuten dürfen, war eilends zu ihrem Sohn nach Pella zurückgekehrt. Ihre Rache aber an der zweiten legitimen, noch blutjungen Frau Philipps, Eurydike, als Königin Kleopatra genannt, wird uns schriftlich bezeugt. Sie läßt das kleine Mädchen, das Eurydike erst kürzlich geboren hat, auf dem Schoß der Mutter umbringen und zwingt sie selbst zum Selbstmord durch Erhängen.

Eine breite Blutspur kennzeichnet die ersten Monate nach Philipps Tod. Alexander läßt alle männlichen Familienmitglieder, die als Thronanwärter eventuell in Frage kommen, mit Ausnahme des schwachsinnigen Bruders Philipp Arrhidaios, kurzerhand umbringen, dazu alle die makedonischen Adligen, auf die er sich nicht unbedingt verlassen zu können glaubt. Dies trifft auch den Onkel der Eurydike, Attalos, der mit den Persern konspirierte, hatte er doch von Alexander in keinem Falle Schonung zu erhoffen. Der Tod seiner Nichte Eurydike durch Olympias jedoch hatte großen Unmut in Makedonien ausgelöst. Als versöhnliche Geste hat Alexander wohl ihre Gebeine hier in Philipps Grab mitbestatten lassen. Ihr Golddiadem, ein Geschenk Philipps an seine junge Königin, ist das schönste und kostbarste Schmuckstück, das wir bisher aus der Antike kennen (Abb. 11).

Für die malerische Gestaltung der Grabhausfassade hat Alexander einen der größten griechischen Künstler geholt, möglicherweise, so Andronikos, Philoxenos von Eretria.

Bewundernd stehen wir vor seiner Kunst. Das monumentale Gemälde, das sich oberhalb von Tür und Säulen über die ganze Breite der Fassade erstreckt, mißt 5,56 Meter in der Breite und 1,16 Meter in der Höhe. Analog zu den Gräbern griechischer und makedonischer Soldaten hätten wir bei dem erfolgreichsten Feldherrn seiner Zeit, bei Philipp, die Darstellung einer seiner Schlachten erwartet. Alexander aber hat eine Jagdszene in Auftrag gegeben, wenn auch eine königliche Jagd. Rechts der Mitte zückt Philipp von seinem sich bäumenden Pferd herab die Lanze auf einen Löwen (Abb. 10). Weder durch Kranz und Binde im Haar noch durch seine Stellung im Bildfeld ist er als König gekennzeichnet. Eine andere, jugendliche Gestalt sprengt aus der Mitte hervor mit bekränztem Haupt. Auch sie schleudert den Speer auf den Löwen, auf Philipps Beute. Es ist Alexander. Der neue König also ist die Hauptfigur des Gemäldes, eine Verherrlichung des toten Vaters allein stand nicht auf Alexanders Programm. Es wird glaubwürdig aus Alexanders Knabenzeit berichtet, daß er sich über die Erfolge des Vaters nicht zu freuen vermochte. Er war eifersüchtig, so wird überliefert. Scharfe Auseinandersetzungen gab es auch in den letzten Monaten vor Philipps Ermordung, nicht nur des Königs zweiter Ehe wegen, sondern weil der Sohn sich eigenmächtig in die Politik des Vaters einmischte. So nimmt das gebrochene Verhältnis Alexanders zu seinem Vater über den Tod hinaus hier am Grabmal Gestalt an. Auch später noch können wir feststellen, wie kleinlich und empfindlich Alexander reagiert, wenn die Verdienste Philipps gerühmt werden.

Der Hengst, den der junge König auf dem Gemälde reitet, heißt Boukephalos. Er ist eines der berühmtesten Pferde der Geschichte. Philipp erhielt ihn einst als Gastgeschenk, aber allein dem Knaben Alexander gelang seine Zähmung. Er durfte ihn behalten. Bis Indien hat er Alexander später begleitet und ihn in jeder großen Schlacht getragen.

Die jungen Männer, die mit Philipp und Alexander zusammen Rotwild, Wildschweine und Bären erlegen, sind die Pagen des Königs, die Söhne makedonischer Adliger, die am Hofe aufwuchsen. Sie waren die Spielgefährten Alexanders und seine späteren Hetairoi, seine Kampfgefährten auf seinem Zug nach Asien.

Neben dem Hauptvergnügen der makedonischen Aristokratie, dem Reiten, Jagen und der Kampfertüchtigung, genoß Alexander

mit einigen dieser Pagen zusammen einen gründlichen Schulunterricht in Literatur, Musik, Mathematik und Philosophie durch griechische Fachlehrer in Pella. Benennen können wir die jungen Männer auf dem Bild nicht. Sieben von ihnen jagen zu Fuß, den achten, zu Pferd, sehen wir nur in Rückenansicht. Vielleicht sind es besonders enge Freunde Alexanders. Für uns bleiben sie leider anonym.

Eine Jagdszene war also das Thema, das dem Maler gestellt wurde, mit dem neuen König als zentrale Figur, dem toten König als Löwenjäger. Je länger ich aber das Gemälde betrachte, um so mehr geht mir auf, was Alexander tatsächlich mit dieser Darstellung ausdrücken wollte: Philipps Jagdtier, der Löwe, ist gestellt und wird von zwei Pagen mit Waffen in Schach gehalten. Er wendet sich zu Philipp, seinem eigentlichen Gegner, um, der die Lanze zum tödlichen Stoße zückt. Noch ist das Tier nicht erlegt, als Alexander aus der Mitte herausgaloppiert. Auch er schleudert seinen Speer. Wer erringt die Beute? Nun, ein Alexander läßt sich nicht als Verlierer darstellen. Natürlich ist er der Sieger. Dann kann aber symbolisch mit dem Löwen nur der persische Löwe, das Perserreich, gemeint sein. Philipp hat ihn angegriffen, seine Armee steht bereits auf persischem Reichsboden in Kleinasien, als ihn in Aigai sein Schicksal ereilt. Noch ist der Löwe auf Philipp fixiert, hat den neuen Feind noch nicht erspäht, Alexander, der ihn zur Strecke bringen wird.

In großartiger Weise hat Alexander also am Grabmal Philipps die Aufgabe, die er sich als König gestellt und auch erfüllt hat, die Eroberung des Perserreiches, verkündet. Gleichzeitig stellt er sich als Vollender dessen dar, was der Vater begonnen hat. Geschaffen wurde dieses Werk für die Ewigkeit, auf ewig auch sollte es unter Erde verborgen sein, unsichtbar für die Augen der Lebenden.

Alexander aber reitet seit Philipps Tod auf seinem Pferd Boukephalos von Kampf zu Kampf. Kaum waren die inneren Feinde besiegt, galt es, die aufständischen Balkanvölker erneut zu bezwingen. Er schiebt die Grenze Makedoniens bis zur Donau vor. In Athen frohlockt Demosthenes über Philipps Ermordung. Mit Hilfe persischer Bestechungsgelder schürt er neuen Aufruhr in Hellas. Auch hier kann Alexander nur mit Waffen gewinnen. Theben, die Stadt, in der sein Vater seine Jugend verbrachte, wird völlig vernichtet, die überlebende Bevölkerung in die Sklaverei verkauft.

Im Frühjahr 334 v. Chr. ist es endlich soweit. Das Heer sammelt und rüstet sich in der makedonischen Ebene zum Zug nach Persien, nach Asien.

Wir verbringen einen lustigen und informativen Abend mit Angeliki in einem kleinen Gartenlokal in Vergina. Angeliki erzählt von den Grabungsarbeiten und den neuesten Funden aus Aigai, die beweisen, daß der Ort seit Beginn des 1. Jahrtausends v. Chr. besiedelt ist. Sie berichtet auch von den finanziellen Schwierigkeiten, die Funde, vor allem die Königsgräber, zu sichern und vor schädlichen Klimaeinwirkungen zu schützen, das liebe Geld, ein Problem, mit dem alle Ausgräber zu kämpfen haben. Am kommenden Morgen folgen wir dem Verlauf der antiken Stadtmauer auf den Burgberg hinauf oberhalb des Palastes, um unsere letzten Aufnahmen zu machen. Es ist ein klarer Tag, schemenhaft tauchen gegenüber, am Nordrand der Ebene, die Vorberge des Balkans auf. An ihrem Fuße lag die makedonische Hauptstadt Pella.

Abschied von Aigai, von König Philipp, auch von unserer gemütlichen Pensionswirtin in Vergina. Einige Kilometer östlich überqueren wir den Aliakmon-Fluß, der sich hier seinen Weg aus den Bergen in die Ebene bricht. Man hat ihn aufgestaut, um eine ganzjährige Bewässerung der Felder zu gewährleisten. Weiter fahren wir über das altmakedonische Beroia, am westlichen Rand der Ebene entlang, bis die Häuser von Kephalari, dem antiken Mieza, von halber Berghöhe herab grüßen. Ein schmaler Asphaltweg schlängelt sich durch bebaute Felder den Hang hinauf, dem Lauf eines klaren Bächleins folgend, bis rechter Hand eine senkrechte Felswand emporragt.

Auf einem neu angebrachten Schild steht: Schule des Aristoteles. Das ebenso neue Holzgatter ist verschlossen. Wir müssen klettern, um auf den schmalen bemoosten Pfad zu gelangen, der an einem sumpfigen, mit Grün dicht bewachsenen Quellgrund vorbei auf ein kleines Plateau vor der Steilwand führt. Wo das Wasser dem Boden entquillt, das dem Land Fruchtbarkeit bringt, hausten nach altgriechischer Vorstellung die Nymphen, Wesen, die den Feen und Wasserjungfrauen unserer Märchen gleichen. Sie waren von der Gestalt schöner, junger Mädchen, waren leichtfüßig und liebten Tanz, Musik und Spiel. Den Menschen waren sie freundlich gesinnt. Man brachte ihnen Gaben dar, verehrte sie auch – wie hier bei Mieza – in Heiligtümern, den Nymphäen. Auf dem Felsplateau vor der Steilwand bei dem Nymphenheiligtum ließ Philipp im Jahre 343 v. Chr. einen Bau errichten, in dem der Philosoph Aristoteles, ein Schüler des Platon, seinen 13jährigen Sohn Alexander unterweisen

sollte (Abb. 12). Aristoteles, selbst aus Makedonien gebürtig, war ein Universalgelehrter, der das ganze Wissen seiner Zeit zu überschauen und in seinen Werken zusammenzufassen vermochte. Mit seinen Schriften zur Ethik und Metaphysik hat er auf dem Wege über das Christentum noch unser Mittelalter maßgeblich beeinflußt.

In dem schattigen Nymphenhain bereitete Aristoteles seinen Schüler auf seine königlichen Aufgaben vor, führte ihn ein in die Elemente der Politik und Staatsverwaltung. Er brachte ihm die Regeln der Logik bei und Kenntnisse in Medizin, Anatomie, Tierkunde und Botanik. Eines von Alexanders Lieblingsfächern war sicher Geographie. Aristoteles erzählte, was er selbst von fremden Ländern wußte, von Italien, von Ägypten, das den Griechen als die Wiege der Kultur galt, und von den Ländern Asiens, die zum Perserreich gehörten.

Die damalige Welt war ja kleiner als die unsere, da wir kein weißes Fleckchen mehr auf unserer Erdkarte finden. Für Aristoteles hörte die bewohnte Welt im Westen bei den Säulen des Herakles, heute Gibraltar, am großen Ozean auf. Im Osten grenzte sie hinter Indien, von dessen ungeheurer Ausdehnung man nichts wußte, wieder an den Ozean. Von den nördlichen Gebieten Europas und Asiens und vom Süden Afrikas hatte man nur ungenaue, eher märchenhafte Vorstellungen. Fast vier Jahre lebten Lehrer und Schüler in Mieza zusammen, bis Alexander zurück nach Pella gerufen wurde, um seinen Vater während seiner Kriegszüge als Regent zu vertreten. Im Jahre 334 v. Chr., als Alexander gegen Asien zog, gründete Aristoteles in Athen seine berühmte Schule, das Lykeion, Lyzeum genannt oder Peripatos, das heißt Umgang, Wandelgang, nach den mit Säulen bestandenen Wandelhallen des Gebäudes.

Trotz der räumlichen Entfernung blieben Lehrer und Schüler zu Lebzeiten brieflich miteinander in Verbindung. Der König berichtete ausführlich über alle natur- und länderkundlichen Entdeckungen und Erfahrung auf seinen Feldzügen und unterstützte auch finanziell Aristoteles' wissenschaftliche Arbeiten. In einem Punkt aber wich Alexander von der Lehre des Aristoteles entscheidend ab, war er seiner Zeit weit voraus: Aristoteles blieb dem alten Gegensatz, hier Hellenen, dort Barbaren, verhaftet; für Alexander aber gab es bald schon keinen prinzipiellen Wertunterschied mehr zwischen den Völkern.

Zwischen Mohn und anderen blühenden Kräutern machen wir im Schatten eine kurze Mittagsrast, wie das auch wohl Aristoteles und sein Schüler im heißen Sommer zu tun pflegten. Haben sie hier im

Murmeln des Bächleins, im Wehen des leichten Windes die Stimmen der Nymphen gehört? Schade, daß wir an diese liebenswerten Geister nicht mehr zu glauben vermögen.

In der Antike war die ganze Natur beseelt und erfüllt von einem unsichtbaren Heer hoher und untergeordneter Göttinnen und Götter, guter, aber auch wilder Dämonen. Alle Naturerscheinungen, von den Himmelsgestirnen bis zu Meer und Flüssen, waren personifiziert, galten als lebendige Mächte, die dem Menschen schaden oder hilfreich sein konnten.

Durch Anbetung, Verehrung und Opfergaben mußte man sie sich geneigt machen. Unzählige Dichtungen und Mythen beschäftigten sich mit Göttern und Halbgöttern, ihrer Geburt, Kindheit, ihren Fähigkeiten und Aufgaben, ihren Liebesabenteuern und ihren Streitigkeiten. Bei aller Macht, die ihnen über die Sterblichen gegeben war, glichen sie diesen doch in ihrer äußeren Gestalt und auch im Fühlen und Handeln. Göttinnen und Götter verliebten sich in Menschen; Zeus war darin besonders eifrig. Seine Nachkommen mit sterblichen Frauen konnten wie Herakles, der Ahnherr Alexanders, durch außergewöhnliche Taten zu Halbgöttern werden und Unsterblichkeit erringen. Hiervon mochte der junge Alexander im idyllischen Nymphenhain geträumt haben.

Zum Träumen haben wir keine Zeit: Time is money. Wir brechen auf. Ein kurzer freundlicher Gedanke gilt Hermes, dem Gott der Wege und Reisenden, ehe wir nach Pella weiterfahren.

Pella, die Hauptstadt Alexanders, lag ehemals auf einem Hügel inmitten eines Sees, einem Überbleibsel der großen Meeresbucht, die einst viel weiter ins Land hineinreichte. Heute wird sie wenig malerisch von der großen Durchgangsstraße Saloniki–Edessa durchschnitten. Rechts und links von ihr liegen die ausgegrabenen Reste reicher makedonischer Villen; die Innenhöfe sind von Säulen umstanden, im Erdgeschoß befinden sich die Repräsentationsräume. Die Böden zieren herrliche Mosaike. Die Häuser stammen aus der Zeit nach Philipp und Alexander. Der berühmte, von Zeuxis ausgemalte Palast des Makedonenkönigs Archelaos, in dem auch Philipp und Alexander residierten, kam bisher nicht ans Licht. Die ausgegrabenen Palastfundamente auf dem Hügel oberhalb der antiken Stadt stammen aus späterer Zeit.

Gegen Abend hat sich der Himmel bezogen, das Licht reicht für unsere Aufnahmen nicht mehr aus. Wir verabreden uns mit der Ausgräberin für den nächsten Morgen und übernachten in einem kleinen, gemütlichen Hotel bei Chalkidon. Der Wein zum Abendes-

sen mundet. Wir sind zufrieden. Bisher gab es weder Ärger noch Behinderung, und das Wetter spielte bisher mit. Nur unsere Zeit – fünf Tage insgesamt für Makedonien – ist zu kurz bemessen. Aber die Produktionskosten richten sich nach den zu erwartenden Einschaltquoten; Alexander – auch wenn er »der Große« heißt – muß sich da leider mit einem der hinteren Ränge begnügen.

Gegen Morgen werde ich wach. Es donnert und blitzt und schüttet wie aus Kübeln vom Himmel herab. »Oh, ihr olympischen Götter, oh, Zeus! Sei uns gnädig gestimmt. Schleudere Deine Blitzbündel überall hin, nur heute nicht auf Pella! Zwar haben wir versäumt, Opfer zu bringen, aber dafür bringen wir den Menschen die alten Zeiten in Erinnerung, in denen Du die Geschicke der Sterblichen gelenkt hast und hoch verehrt warst.« Aber Zeus sitzt nichtsdestoweniger den ganzen Morgen donnergrollend auf dem Olymp, der in dichte Wolken gehüllt ist. Wir beschäftigen uns erst einmal im Museum, das einen wunderschönen, wenn auch stark beschädigten Marmorkopf des jungen Alexander besitzt. Hier hängen auch zwei Bodenmosaike etwas zweckentfremdet an der Wand. Beide sind nach Alexanders Tod entstanden. Auf dem einen reitet der bei den Makedonen so beliebte Gott Dionysos auf einem Panther. Das andere illustriert eine Begebenheit aus Alexanders Leben: Alexander jagte in einem Tierpark, wie sie die persischen Großkönige in der Nähe ihrer Residenzen unterhielten. Ein Löwe fiel den König an. Sein Freund Krateros rettete ihm das Leben, indem er das Tier erschlug, unter anderen Umständen ein todeswürdiges Vergehen, da der Löwe als Jagdbeute für den König vorbehalten war.

Da es draußen immer noch regnet, schauen wir uns mit Muße auch die anderen wertvollen Fundstücke an und beschließen dann, in einer kleinen Imbißstube gegenüber dem Museum eine Kleinigkeit zu essen. Und siehe da, die Götter haben ein Einsehen, der Himmel klärt sich langsam auf. Drei Stunden später sind wir mit den letzten Außenaufnahmen fertig. Wir fahren zum Abschluß zum Palasthügel hinauf. Von dort schweift der Blick weit über die makedonische Ebene, in der sich im Frühjahr 334 v. Chr. Alexanders Armee sammelt. 33 000 Krieger, davon 6000 Kavalleristen, ziehen mit ihrem König gegen Osten. David will gegen einen Goliath kämpfen, das Weltreich der Perser (Abb. 64).

Persepolis, die »Stadt der Perser«

Es ist der 3. Januar 1991, zwanzig Minuten nach Mitternacht. Die Maschine der Turkish Airlines setzt zur Landung an. Unter mir die Lichter von Teheran. Ich habe seit der Zwischenlandung in Istanbul herrlich bequem auf vier Sitzen lang gelegen und geschlafen. Das Flugzeug ist außer mit meinem Kamerateam Uli und Felix und mir nur mit wenigen Iranern besetzt. Sie haben offensichtlich einen Großeinkauf in Istanbul gemacht. Wer auch sonst fliegt so kurz vor dem Golfultimatum der Amerikaner in ein Nachbarland des Irak? Nach dem angenehmen Flug folgt die nächste angenehme Überraschung: Die Zollbeamten sind überaus höflich. Zwar müssen alle Teile der Kamera- und Tonausrüstung ausgepackt werden, aber alles geht korrekt und in freundlicher Atmosphäre vor sich. Draußen erwartet uns Faramaz, ein iranischer Freund, der lange Jahre in Deutschland studiert hat und uns als Dolmetscher begleiten wird. Er hat auf meine Bitte hin bereits die Flugscheine für die Frühmaschine Teheran–Schiraz besorgt. Bis dahin haben wir aber noch ein paar Stunden Zeit. Im Flughafen-Restaurant bestellen wir erst einmal als Begrüßungstrunk ein paar Flaschen iranisches Bier, besser gesagt islamischen Bierersatz, der jedoch gar nicht so übel schmeckt. Man kann sich durchaus daran gewöhnen. In der glücklichen Stimmung, in der ich mich befinde, hätte mir wohl alles gemundet. Die Drehgenehmigung zu erhalten, hat mich die letzten Wochen einige Nerven gekostet. Die Kultur- und die Presseabteilung der Botschaft der Islamischen Republik Iran in Bonn waren zwar äußerst zuvorkommend, schoben sich aber wechselseitig den bösen Buben zu; es passierte schlichtweg gar nichts. Daraufhin mobilisierte ich mit Hilfe von Faramaz das Ministerium für Islamische Kultur und Führung in Teheran. Kaum zehn Tage später kam von dort grünes Licht und die Anweisung an die Botschaft, uns die Einreisepapiere zu erteilen. Am 27. Dezember endlich hielten Uli, Felix und ich unsere Visa in Händen.

Seit vierzehn Jahren bin ich zum ersten Male wieder in Persien. Wie mag das Land sich seit Schahs Zeiten verändert haben? Mein Reisegepäck als Frau ist noch leichter als gewöhnlich. Wo immer ich mich hier aufhalten werde, ob im Freien, im Hotel oder im Restaurant, werde ich in langer Hose, von oben bis unten zugeknöpftem Mantel und einem die Haare vollständig bedeckenden Kopftuch herumlaufen müssen. Meine höflich-ironische Frage bei der iranischen Botschaft in Bonn, ob man mich als Ausländerin im

schwarzen Tschador zu sehen wünsche, stieß auf peinliche Verlegenheit.

Während ich nun Uli, Felix und Faramaz erzähle, was genau wir für den Alexanderfilm aufnehmen wollen, vergehen die Nachtstunden. Gegen fünf Uhr früh wird es Zeit, uns zum Flughafengebäude für die Inlandflüge zu begeben. Draußen ist alles weiß. Es schneit immer noch, kein Taxi für unser Gepäck ist zu sehen. Faramaz gelingt es schließlich, einen Fahrer für Felix und die Ausrüstung aufzutreiben. Wir anderen laufen zu Fuß. Die frische, kalte Schneeluft tut ausgesprochen gut nach dem Aufenthalt in einem total überheizten Restaurant.

Die Abflughalle ist überfüllt. Alle Inlandflüge sind auf Wochen hinaus ausgebucht. Ohne Hilfe des Ministeriums für islamische Kultur und Führung hätte auch Faramaz so kurzfristig keine Plätze mehr bekommen. Wir reihen uns in die Schlange vor dem Abfertigungsschalter für Schiraz ein. Ich bin ein wenig besorgt, denn der fünfte und wichtigste im Bunde, der offizielle Begleiter des Ministeriums, ist noch nicht eingetroffen. Keine Aufnahme ohne ihn und sein Papier.

Aber da winkt Faramaz schon einem hochgewachsenen jungen Mann zu, der eben die Halle betreten hat und nun lächelnd auf uns zukommt. Er begrüßt die Männer mit Handschlag und ist sichtlich erleichtert, daß ich ihm meine Hand nicht entgegenhalte. Ihm, als strenggläubig erzogenem Mohammedaner, ist damit die Peinlichkeit erspart, entweder meine Hand zu übersehen oder aber eine fremde Frau zu berühren. Mit Mißachtung meiner Person als Frau hat dies übrigens nichts zu tun. Schon nach wenigen Minuten Gespräch bin ich mir sicher, daß wir von Ali keinerlei Behinderung zu erwarten haben.

Unsere Maschine steigt auf. Es ist draußen hell geworden, und ich erhasche noch einen kurzen Blick auf die weiß leuchtende, gewaltige Gebirgskulisse im Norden und Osten Teherans, ehe die Maschine nach Süden abbiegt. Über den großen Salzsee von Qum und über riesige Steppen und Wüstengebiete Innerirans geht es über 1000 Kilometer nach Schiraz, der Stadt der Rosen und der persischen Dichter Saadi und Hafiz. Hafiz, der im 14. Jahrhundert in Schiraz an einer Koranschule, einer Medrese, unterrichtete, besang mit seinen Versen die Liebe, wenn auch in erster Linie die Knabenliebe, und den Wein. Zu Beginn des letzten Jahrhunderts ins Deutsche übertragen, regten sie Goethe zu seinem West-östlichen Diwan an. Den vorzüglichen Schirazwein kann man leider heute in den Restaurants nicht

mehr zu trinken bekommen, und ob Hafiz im Iran der Ayatollahs seine Verse so dichten könnte, mag bezweifelt werden.

Die Gartenstadt Schiraz liegt 1500 Meter über dem Meeresspiegel inmitten einer Hochebene, die zur Provinz Fars gehört. Darin steckt der alte Name Parsa. Die Provinz ist das Kernland des iranischen Stammes der Parsen, der Perser. Persien und Perser sind die griechischen Formen der altiranischen Namen. Wir Europäer haben sie seit der Antike beibehalten.

Unter uns taucht die Stadt auf. So gerne ich für gewöhnlich fliege: Dieses Mal bin ich froh, daß wir unser Ziel erreicht haben. Mir ist schon wieder unerträglich heiß im Gegensatz zu den anderen vermummten weiblichen Gestalten, die es ja von Kindheit an gewohnt sind. Ich denke mit Freude an die erfrischende Dusche im Hotel. Nur daraus wird nichts, denn Ali rät mir, nur das Gepäck im Hotel abzustellen und mit ihm sofort zu den zuständigen Behörden zu fahren, damit sie aufgrund der Anweisungen aus Teheran, die er dabei hat, die nötigen Bescheinigungen ausstellen können. Er hat natürlich vollkommen recht; dieser Tag wäre sonst ein verlorener Tag für uns.

Der Vertreter des Ministeriums in Schiraz, ein noch junger, sehr bescheiden auftretender Mann, zeigt keinerlei Ressentiments gegen unser Vorhaben. Da ich – auch im Orient – noch nie mit falschen Karten gespielt habe, erkläre ich ihm, daß es um die Eroberung des Perserreiches durch Alexander den Großen geht, andererseits aber auch darum, dem deutschen Fernsehpublikum anhand von Persepolis und Pasargadai etwas von der altiranischen Kultur zu zeigen, ein seit der Revolution in Iran äußerst unpopuläres Thema. Ich bin erstaunt über das freundliche Interesse, das er mir und dem Film bei einem Glas Tee entgegenbringt. Ich erinnere mich an die Zeit vor der Revolution, wo ich es in ähnlicher Situation mit den zumeist äußerst arroganten und wenig hilfreichen Beamten des Schah zu tun hatte, obwohl doch damals Größe und Ruhm des altpersischen Reiches in aller Welt verbreitet werden sollten. Mit guten Wünschen für unser Vorhaben und dem Genehmigungspapier werden wir entlassen.

Uli und Felix, frisch geduscht und strahlender Laune, erwarten uns im Hotelrestaurant bei einer Tasse Kaffee. Mit zwei Wagen fahren wir los in Richtung Persepolis, das 50 Kilometer entfernt liegt. Persepolis, die »Stadt der Perser«, wie sie die Griechen nannten, war ein Wunderwerk altorientalischer Baukunst. In neuerer Zeit, das heißt im 17. und 18. Jahrhundert, wurde sie von abendländischen Reisenden beschrieben und gezeichnet. Durch die Ausgrabungen

des Orient Institutes Chicago in den 30er Jahren wurden die Ruinen des Palastes von Persepolis auch einem breiten Publikum bekannt.

Vorerst aber fahren wir durch kultiviertes Land. Elektrische Grundwasserpumpen erleichtern heute den Bewässerungsfeldbau und den Anbau von Getreide, Gemüse und Obst. Im Altertum hatten die Perser hierzu ein ausgeklügeltes System von Bewässerungskanälen angelegt. Auch die Industrialisierung schreitet voran. Es gibt Zucker-, Kunstdünger-, Zementfabriken und auch die Petrochemie hat sich hier angesiedelt. Eine Zeitlang müssen wir die Fenster schließen: Die Luft ist verpestet. Das erweckt zweischneidige Gefühle: technischer Fortschritt und Arbeitsbeschaffung scheinen immer mit Umweltschädigung einhergehen zu müssen. Wo ist das anders?

Wir erreichen Marv Dascht, den Hauptort der großen Ebene gleichen Namens, und kurz darauf erkenne ich die sich aus der Entfernung noch flach am Horizont hinziehende Kette kahler Felsenhügel, an deren Fuß Persepolis liegt. Werde ich die Ruinen so vorfinden wie vor vierzehn Jahren? Viel wurde berichtet von der Zerstörungswut fanatischer Moslems an den heidnischen Denkmälern der vorislamischen Zeit. Auch war Persepolis besonders verbunden mit dem bei großen Teilen des Volkes verhaßten Schah. Hier hatte er Anfang 1971 in einer ungeheuer aufwendigen Demonstration seiner Macht die 2500-Jahr-Feier der Gründung des persischen Reiches durch den Großkönig Kyros begangen, als dessen Nachfolger er sich verstand.

Langsam rollen wir auf der breiten, von Pinien gesäumten Parade-Allee auf die Terrasse des Palastes zu, die, je näher wir kommen, um so gewaltiger vor uns aufragt (Abb. 17). Der Platz davor ist menschenleer, nur der Wärter sitzt einsam in seinem Kassenhäuschen.

Von den Feldern dringt aus der Entfernung Traktorengeräusch herüber, sonst herrscht himmlische Ruhe.

Bei meinem letzten Besuch vor der Revolution standen hier Dutzende von Touristenbussen, ertönten von überall her die lauten Stimmen der Reiseführer in allen erdenklichen Sprachen. Noch wird es ein wenig dauern, bis Reisende in größerer Zahl wieder Iran und Persepolis besuchen werden. Für die archäologischen Denkmäler ist dies sicher kein Nachteil.

Wir steigen den doppelläufigen Treppenaufgang empor. Die Stufen sind flach gearbeitet und erlaubten es dem Großkönig, vielleicht auch den Vornehmsten seines Reiches, zu dem mächtigen

Torbau hinaufzureiten, dem sogenannten Tor aller Länder, das von den in Relief gehauenen Abbildern riesiger Mischwesen beschützt wird. Der Großkönig Xerxes hatte dieses Tor errichten lassen; Anfang des 5. Jahrhunderts v. Chr. hatte er Griechenland überfallen und die Heiligtümer der Akropolis von Athen in Brand gesetzt. In zwei großen Schlachten zu See und zu Land war er von den vereinigten Griechen vernichtend geschlagen worden.

Die Torbauten, Tür- und Fensterwangen und ein Großteil der Säulen und ihrer Kapitelle waren aus Stein gefertigt. Das aufgehende Mauerwerk aber bestand aus luftgetrockneten Lehmziegeln. Es ist bis auf Fundamentreste verschwunden. So erstreckt sich unser Blick heute nach Ersteigen der Terrassenhöhe weit über das Ruinenfeld, über große Höfe, die einstmals durch Mauern voneinander getrennt waren, bis hin zu den Audienz- und Thronsälen, den Wohnpalästen und Magazinen.

Für den Gast, der zur Audienz beim Großkönig selbst geladen war, öffneten sich die hohen Tore aus Holz im Westteil des Torbaues. Sie waren sicher mit Gold- und Silberbeschlägen verziert. Gleich dem antiken Gast betreten auch wir den dahinterliegenden Innenhof, auf dessen gegenüberliegender Seite sich der rund 25 Meter hohe gewaltige Thronsaal erhob (Abb. 18). Er war auf drei Seiten von Säulenhallen zwischen vier Ecktürmen gerahmt. Der Bau ruht auf einem etwa drei Meter hohen Sockel über Terrassenniveau. Auf der Nord- und Ostseite sind ihm je zwei gegenläufige Treppenaufgänge vorgelagert. Treppenwangen und Sockel sind hier vollständig mit Reliefs überzogen. Ebenso zeigen auch die anderen Gebäude dieser Residenz Skulpturenschmuck.

Die Themen dieser Darstellungen geben uns Hinweise auf den eigentlichen Zweck dieses prächtigen Königspalastes: Hier in Persepolis weilte der Großkönig zum persischen Neujahrsfest am 21. März, dem Noruz. Dieses uralte Fest ist so tief in der Tradition der iranischen Völker verwurzelt, daß selbst der Islam es nicht hat abschaffen können. Auch heute wird es jedes Jahr noch festlich begangen.

Damals empfing der König zu dieser Gelegenheit die Abordnungen und Fürsten all der ihm untergebenen Völker und Länder. In einem feierlichen Umzug defilierten sie unterhalb von Terrasse und Thronsaal am Herrscher vorbei, um ihm ihre Geschenke darzubringen. So haben die Steinmetzen sie auf der Nord- und Ostseite auf den Treppenwangen des Apadana (Abb. 19), des Thronsaales, in Stein gehauen. Die Nordflucht des Apadana, die seit Jahrhunderten freiliegt, ist durch die islamische Bilderfeindlichkeit und die Witterung stark zerstört. Die Ostseite jedoch wurde erst während der Ausgrabungsarbeiten in den 30er Jahren vom Schutt befreit. Ich kann zu meiner großen Freude feststellen, daß die gegenwärtige islamische Revolution hier keinen Schaden angerichtet hat. Zwar ist die ursprüngliche Farbenpracht der Figuren im Laufe der Zeit verschwunden, dafür aber versieht die Morgensonne sie mit strahlendem Glanz.

Rechts der Treppe hat sich der Hofstaat versammelt, die Meder und Perser, die zwei beherrschenden Völker des Reiches (Abb. 20). Die Meder sind an ihrer iranischen Reitertracht zu erkennen, der langen ledernen Hose, dem glatt anliegenden Wams und der runden hohen Mütze. Die Perser tragen lange Faltengewänder und einen gefältelten hohen Kopfputz. Einige sind miteinander in ein lebhaftes Gespräch vertieft, während die Leibgarde des Großkönigs Spalier steht (Abb. 19). Aufgestützt sind ihre langen Lanzen mit dem goldenen Lanzenschuh, »goldener Apfel« genannt.

Von links ziehen die Völker des Reiches heran. Ihr jeweiliger Anführer wird von einem Perser oder Meder an der Hand geführt. Sie bringen dem Großkönig zum Neujahrsfest kostbare Geschenke: Kamele, Pferde, Widder, Löwen, Edelmetallgefäße, feine Kleidung und auch Waffen. Insgesamt sind 23 Abordnungen auf dem Relief vertreten. Das Schenken hat im Orient bis in die Gegenwart eine reiche Tradition. Man darf sicher sein, daß der Großkönig an diesem Tag auch seinerseits mit Gaben an die Vornehmen seines Reiches nicht geizte.

Große prächtige Zelte waren in den Parkanlagen in der Ebene vor der Palastterrasse aufgeschlagen, um alle Gäste aufzunehmen und zu bewirten, die von weit her angereist kamen. Ein Sprachgewirr wie nach dem Turmbau zu Babel muß hier geherrscht haben. Äthiopier aus Afrika und Skythen aus den eurasischen Steppen des Nordens, Inder aus dem Osten und Griechen aus dem Westen Kleinasiens, Babylonier und Armenier, Syrer und Ägypter und all die vielen unterschiedlichen Stämme Irans südlich und nördlich des Hindukusch bis in die Gegend um Buchara und Samarkand fanden sich in ihren einheimischen Trachten hier zusammen. Die Steinmetzen gaben sich Mühe, die unterschiedlichen Details wirklichkeitsgetreu wiederzugeben.

Leider gibt es keine schriftliche Überlieferung, die uns diese Festveranstaltung zum Noruz beschreibt. Wahrscheinlich gab es

Tanzvorführungen und Reiterspiele, wie sie noch heute in Afghanistan und dem Norden Pakistans beliebt sind.

An den steinernen Audienzgästen vorbei steigen wir über den Sockelaufgang zu der doppelfluchtigen Säulenhalle im Osten empor. Ohne die inzwischen verschwundenen Mauern liegt der gewaltige Raum gleichsam im Grundriß vor uns. Nur dreizehn der insgesamt 72 Säulen stehen noch aufrecht und ermöglichen es, mit ein wenig Phantasie die Höhe der Decke zu ermessen, die von schweren Zedernstämmen aus dem Libanon gebildet wurde. Um je drei dieser etwa ein Meter starken Balken über einer Säule aufliegen zu lassen, erfanden die Architekten eine besondere Kapitellform, ein Doppelkapitell, das aus den Köpfen und Vorderkörpern von je zwei Pferden, Stieren oder Mischwesen bestand. Zwischen ihnen war nun genügend Platz für ein Sattelholz, das als Auflager für je drei Stämme dienen konnte.

Über den Schmuck der verputzten Wände des Saales wissen wir wenig. Reich bestickte und golddurchwirkte Vorhänge und Teppiche vor den Fensteröffnungen und auf dem Boden gehörten zur Ausstattung. Reste bemalter, glasierter Ziegel gehörten zur Verzierung der Turmfassaden.

Wer hatte dieses Wunderwerk der Kunst und Technik geplant und erschaffen lassen? 1931 fand der deutsche Grabungsarchitekt Friedrich Krefter unter zwei Ecken des Apadana die Gründungsurkunden. In Steinkisten sorgfältig vermauert, verkünden je eine Gold- und eine Silberplatte, wer der Bauherr war:

»Dareios, der große König, König der Könige, König der Länder, Vischtaspas Sohn, der Achämenide. Es kündet Dareios, der König: Dieses Reich, das ich besitze von den Skythen von jenseits Soghdiens an bis nach Äthiopien, von Indien bis nach Lydien, übertrug mir Ahuramazda, der Größte der Götter. Ahuramazda möge mich und mein Königshaus beschützen.«

Diese Urkunden sind in Keilschrift in die Gold- und Silbertafeln eingraviert und in drei Sprachen verfaßt, wie alle öffentlichen Urkunden der Großkönige, in Altpersisch, in Elamisch und Akkadisch.

Dareios I. also war der König, der Persepolis am Ausgang des 6. Jahrhunderts v. Chr. errichten ließ. Wer aber waren die Architekten und Handwerker?

Unter den Steinkisten mit den Urkunden lagen sorgfältig in Lehmmörtel eingebettet Münzen. Wie bei uns heute die Grundsteinlegung eines bedeutenden Gebäudes mit einer festlichen öffentlichen

Zeremonie begangen wird, so war es auch damals. Großkönig und Hofstaat waren versammelt, und in einem feierlichen Akt wurden unter Anrufung Ahuramazdas die Gründungsurkunden eingemauert. Zuvor wurden darunter aber sorgfältig die Münzen deponiert, die nur von den für den Bau verantwortlichen Architekten und Baumeistern stammen können. Auch sie baten die Götter um gutes Gelingen bei ihrer verantwortungsvollen Aufgabe. Es handelt sich um je vier kostbare Goldmünzen mit dem Bild des lydischen Königs Kroisos.

Sein sagenhafter Reichtum ist bis heute sprichwörtlich geblieben. Außerdem lagen dabei einmal zwei und einmal drei griechische Münzen. Zum Lyderreich des Kroisos gehörten auch die griechischen Städte an der Westküste Kleinasiens wie Priene, Ephesos und andere. Nach der Niederlage des Kroisos gegen die Perser gehörten diese Griechenstädte zum persischen Reich. Lyder bzw. Griechen waren also die leitenden Bauleute des Darius in Persepolis. Daß sich der Großkönig von überall her die fähigsten Handwerker zur Gestaltung seiner Residenzen holte, ist selbstverständlich. Aber es steht noch ein zweiter Gedanke dahinter, den man als das Herrschaftsprogramm der persischen Großkönige bezeichnen könnte: So wie der oberste der Götter, Ahuramazda, über die Ordnung des Kosmos wacht, ist der persische König von ihm als Bewahrer der weltlichen Ordnung eingesetzt. Alle Völker des Reiches gelten ihm als gleichberechtigte Stützen seines Thrones. Er gibt ihnen dafür Schutz und Frieden. So sollen sie auch alle am Bau seines Thrones, symbolisiert durch den Palast des Herrschers, beteiligt sein. Das kommt auch in der Bauinschrift der zweiten großen von Dareios errichteten Residenz von Susa zum Ausdruck, die in gekürzter Fassung lautet:

Der Palast, den ich in Susa erbaute,
dessen Rohstoffe wurden von weit her beschafft . . .
Balken aus Zedernholz wurden aus dem Libanongebirge geholt
Syrer schafften die Stämme bis nach Babylon
und von Babylon flößten Karer und Ionier sie bis nach Susa
Yaka-Holz wurde aus Gandhara und aus Kerman geholt
Gold, das hier verarbeitet wurde, holte man aus Lydien und Baktrien
Edelsteine, nämlich Lapislazuli und Karneol, aus Sogd
Türkise aus Chorasmien
Silber und Ebenholz aus Nubien, Sind und Arachosien
Das Farbmaterial, mit welchem die Terassenmauer verputzt wurde, stammte aus Ionien . . .

Die Steinmetzen waren Ionier und Lyder
Die Goldschmiede, welche das Gold verarbeiteten, Meder und Ägypter
Die Männer, die das Holz bearbeiteten, waren Lyder und Ägypter
Die Männer, welche die Backsteine brannten, waren Babylonier . . .

Dareios I. hat Persepolis gegen Ende des 6. Jahrhunderts geplant und mit der Errichtung dieser Residenz begonnen. Er nennt sich einen Achämeniden, führt sich wie Kyros II., der Begründer des persischen Weltreiches, auf den Stammvater Achämenes zurück. Er stammt aus einem Seitenzweig dieser Familie, die ihre Besitzungen offensichtlich hier in der Ebene von Marv Dascht hatte.

Auf einem gut erhaltenen Relief, das einstmals den Mittelteil der Treppenbrüstung des Apadana bildete, sitzt Dareios auf seinem Thron. Vor ihm brennt in zwei Ständern das heilige Königsfeuer, das nur beim Tode eines Königs gelöscht werden durfte. Hinter ihm steht sein Sohn und Thronerbe Xerxes I., der den Bau seines Vaters weitergeführt hatte, wie er es in einer langen Inschrift – ebenfalls an der Treppe des Apadana – verkündet. Auch die Nachfolger des Xerxes errichten weitere Gebäude und schmücken sie mit Reliefs. Ihre spätere Entstehungszeit ist nur von einem Fachmann zu erkennen. Denn alle sind sie im gleichen etwas steifen, höfischen Repräsentationsstil gehalten, einer Art Reichsstil, wie er unter Kyros und vor allem Dareios geschaffen wurde.

Wir durchschreiten die Wohnpaläste des Dareios und Xerxes, die sich im Süden an den Apadana anschließen. Hier sind Diener auf den Treppenaufgängen dargestellt; sie tragen Speisen und werden dem König beim Mahl aufwarten. In den Türwangen erscheint er selbst, hinter ihm Schirm- und Wedelträger, Zeichen seiner Königswürde.

Ein zweiter gewaltiger Saal, der sogenannte Hundertsäulensaal, diente vielleicht als eine Art Großraumbüro; hier kamen die für die Verwaltung der Residenz zuständigen Hofbeamten ihrer Tätigkeit nach. Die Armee wird gezeigt, wie sie dem König huldigt. Auf anderen Reliefs befindet er sich auf einem riesigen Throngestell mit Baldachin, das von den Völkern seines Reiches getragen wird, eine bildliche Übertragung des persischen Reichsgedankens. Über dem Großkönig schwebt Ahuramazda, der höchste Gott, in Gestalt eines bärtigen Mannes, der aus zwei weit ausgebreiteten Flügeln wächst. Er hebt die eine Hand in einer segnenden und beschützenden Geste, in der anderen hält er einen großen Ring.

Der Tag geht schon zur Neige, doch wir steigen noch jenseits der den Palast umgebenden Befestigungsmauer ein Stück den Hang hinauf. Von dort blicken die riesigen, aus dem Fels gehauenen Gräber Artaxerxes II. und Artaxerxes III. auf die Residenz herab. Artaxerxes II. und Philipp II. von Makedonien, der Vater Alexanders, waren Zeitgenossen. Sie waren politische Gegenspieler, und doch verbindet beide ein gleiches Schicksal. Im Jahre 359/58 traten sie ihr Königtum an, der eine in Europa, der andere in Asien. 337/36 endeten beider Leben durch gewaltsamen Tod. Während Alexander 336 den Thron Makedoniens bestieg, wurde nach einem kurzen Zwischenspiel etwa gleichzeitig Dareios III. Großkönig von Persien.

Wir haben uns vor der Grabfassade des Artaxerxes II. auf einem Felsvorsprung niedergelassen und schauen auf den Apadana hinab, in dem dieser Dareios III., ein Mann schon im reiferen Alter, im Jahre 335 v. Chr. nach alter Tradition die Huldigung seiner Völker entgegennahm.

Noch wacht Ahuramazda über der Herrschaft des Königs wie seit über 200 Jahren. Wohl weiß Dareios, daß Alexander wie schon sein Vater Philipp das Perserreich angreifen will, und mit großen Bestechungssummen in Gold versucht er, Aufstände unter den makedonischen Vasallen zu schüren, ebenso unter den Griechen. Sicher beschleicht den König keinerlei dunkle Vorahnung über das wie ein Gewittersturm über ihn, sein Reich und diese Residenz hereinbrechende Unheil, denn zum letzten Male wird hier das Noruzfest begangen. Abenddämmerung über Persepolis.

Wir brechen auf. Die Motive für die morgigen Aufnahmen sind festgelegt, auch die Aufnahmezeiten, damit Uli das beste Licht ausnützen kann. Im kleinen Restaurant gegenüber dem Haupteingang bestellen wir unser Frühstück für 6.30 Uhr, denn es wird noch dunkel sein, wenn wir am Morgen in Schiras losfahren. Mich überfällt bleierne Müdigkeit. Uli und Felix sehen auch nicht mehr ganz frisch aus. Wir drei sind schließlich seit über 30 Stunden auf den Beinen. Faramaz war zum ersten Mal in Persepolis. Ali ist glücklich, denn Schiraz ist seine Heimat. Er freut sich über unsere Begeisterung, und ich nutze die allseitig zufriedene Stimmung auf dem einstündigen Weg zum Hotel, um Ali mein neben Persepolis wichtigstes Anliegen vorzutragen und um seine Hilfe zu bitten: Ich möchte gerne zu den sogenannten »Persischen Toren« fahren, ein Engpaß in den südlichen Ausläufern des Zagrosgebirges, durch den die alte persische Straße führte, bevor sie die Ebene von Marv Dascht und Persepolis erreichte. Auf dieser Straße war Alexander von Susa heraufgezogen, eine der großen Verwaltungsresidenzen des persischen Großkönigs am Westhang des Zagrosgebirges, am Eingang zur Mesopotamischen Tiefebene gelegen. An den »Persischen Toren« hatte der Statthalter der Persis, Ariobarzanes, einer der Getreuen des Dareios, noch einmal versucht, Alexander aufzuhalten – vergeblich.

Ein Stück wenigstens seines Zuges im Iran möchten wir nachvollziehen. Um die Drehgenehmigung für Persepolis nicht zu gefährden, hatte ich in meinem offiziellen Antrag nichts davon erwähnt. Zu ungenau sind die Beschreibungen dieses Ortes, der auf keiner Karte verzeichnet ist. Auch Ali, der Schirazi, hat noch nichts davon gehört. So zeige ich ihm die Fotokopie des englischen Reiseberichtes von Sir Aurel Stein, einem Archäologen und Entdeckungsreisenden, der in den 30er Jahren unseres Jahrhunderts zu Pferde von Schiraz aufgebrochen war und diesen Engpaß lokalisiert hat. Zwei topographische Angaben hat er hinterlassen: Die Persischen Tore liegen danach bei einer kleinen Hochebene, Mollah Susan genannt, im oberen Teil einer Schlucht, mit Namen Tang-i-Kas. Nach Aurel Steins Wegbeschreibung müßte die Königsstraße südöstlich des Dorfes Fehlian und etwas nördlich von Nurabad nach Westen in die Berge geführt haben. Mit diesen Angaben versehen, verspricht Ali morgen früh, während wir in Persepolis drehen, bei den zuständigen Stellen in Schiraz nachzufragen und in Teheran telefonisch um Genehmigung zu bitten.

Mit frischen Shrimps aus dem Golf schließen wir im Hotelrestaurant den ersten und erfolgreichen Tag im Iran ab.

Unsere zwei Wagen sind pünktlich am nächsten Morgen zur Stelle und ebenso pünktlich geht bei unserer Ankunft in Persepolis die Sonne auf. Das Frühstück ist auch schon in Vorbereitung. Die Luft ist noch sehr frisch, und ich bin geradezu dankbar für meine obligatorische Kopfbedeckung.

Allmählich füllt sich die große Paradestraße mit Karren und Autos. Es ist Freitag, islamischer Sonntag. Erfrischungsbuden werden aufgeschlagen, Reitpferde stehen bereit zum Vergnügungsritt für die jungen Leute. Persepolis ist für die Einheimischen der Umgebung einen Sonntagsausflug wert. Die Ruinen sind von Spaziergängern belebt. Man ist zwar freundlich interessiert, läßt uns aber bei der Arbeit völlig ungestört. Die Aufseher helfen, optisch störende Absperrungen zur Seite zu räumen. Während Uli bei herrlichem Licht die Reliefs der persischen Leibgardisten aufs Bild bannt, steigt eine Gruppe von 20 bis 30 jungen Mädchen schwatzend und lachend die Treppe zum Apadana empor, ebenso gekleidet wie bei uns, in Pulli, Jeans und Turnschuhe. Darüber aber hängt der wenig kleidsame schwarze Tschador, der einen harten Gegensatz bildet zu den in der Sonne leuchtenden weißen Reliefs. Die fröhlichen Stimmen klingen zu uns herüber, während sie weiter in Richtung der großköniglichen Wohnpaläste ziehen: Der Harem des Großkönigs. Auch seine Frauen bedeckten ihr Haar in der Öffentlichkeit mit einem Tuch, sicher aber waren Tücher und Gewänder farbig und – je nach Rang – mit kostbarem Gold oder Silber durchwebt.

Uli und Felix arbeiten sich zügig voran, und um 14.00 Uhr können wir mit gutem Gewissen in unserem kleinen Restaurant zu Mittag essen. Wir sitzen geschützt auf der Terrasse des Hauses und genießen ein köstliches persisches Mahl. Wenig später stößt Ali zu uns. Er strahlt: Seine Mission hat Erfolg gehabt. Teheran ist einverstanden und hat versprochen, noch heute ein Telex an das Ministerium in Schiraz zu schicken. Ali selber muß Samstag nach Teheran zurückfliegen. Aber er hat bereits einen Freund aus dem Justizministerium in Schiraz gebeten, für zwei Tage unser offizieller Begleiter zu sein. Wir ändern deshalb unser heutiges Programm und brechen sofort auf nach Pasargadai. Diese archäologische Stätte steht zwar auf der offiziellen Drehgenehmigung, aber ohne Ali dürfen wir sicher nicht dort filmen. Die restlichen Aufnahmen in Persepolis holen wir nach dem Ausflug zu den »Persischen Toren« am Montag nach. Hier kennt man uns nun schon.

So fahren wir etwa 40 Kilometer weiter nach Norden durch einsame, von kahlen Bergen gesäumte Täler, durch die im Sommer die Kaschgai-Nomaden ihre Herden treiben. Pasargadai liegt 1900 Meter hoch. Der Name ist wieder durch die altgriechische Literatur überliefert und leitet sich wohl von Parsagadai oder auch Pasragada ab. Kyros II., der Große, der von hier aus sein Reich erobert hatte, gründete Pasargadai um 546 v. Chr. als seine Hauptstadt. Kurz hinter dem Dorf Madar i Suleiman, »Mutter des Salomon«, erhebt sich vor uns in einer weiten Ebene das fast elf Meter hohe, monumentale und doch schlichte Grabmal des Kyros, Qabr-i-madar-i-Suleiman, »das Grab der Mutter Salomons«, wie es bei den Einheimischen heißt.

Es ist ein Steinhaus aus großen Kalksteinquadern, das auf einem hohen sechsstufigen Sockel steht, der vielleicht auf die Form der mesopotamischen Zikkurat zurückzuführen ist. Einstmals lag hier der tote König in einer kostbar ausgestatteten Kammer in einem goldenen Sarkophag. Als Alexander der Große Pasargadai besuchte, dem von ihm sehr bewunderten Kyros am Grab seine

Achtung zu erweisen, war dieses bereits geplündert und verwahrlost. Auf Anweisung Alexanders sollte sein ursprünglicher Zustand wiederhergerichtet werden. Im 13. Jahrhundert n. Chr. umgab man den Bau mit antiken Säulen aus den nahe gelegenen Palästen und meißelte in die innere Südwand einen Mihrab, eine Gebetsnische. So diente das Grab eine Zeitlang den Gläubigen als Moschee.

Zwischen dem Grab und dem Burgberg, der auch »Thron des Salomon« genannt wird, liegen die Reste von Kyros' Wohn- und Audienzpalast. In letzterem trägt ein Pfeiler noch die dreisprachige Inschrift in altpersisch, akkadisch und elamisch: »Kyros, der Großkönig, der Achämenide« (hat diesen Palast erbaut).

Er selbst war in den Türgewänden des Thronsaales dargestellt. Fragmente dieser Reliefs sind noch an Ort und Stelle erhalten. Die Steinmetztechniken und die sehr lange, dem Saal vorgelagerte Säulenhalle mit umlaufender Sitzbank, wie sie als Stoa aus Griechenland bekannt ist, zeigen, daß hier unter anderen auch griechische Architekten von Kyros beschäftigt wurden. Zwischen den weißen Säulen auf schwarzen Sockeln (Abb. 23) versinkt nun die Sonne am Horizont der dunklen Berge, die die in rotes Licht getauchte, menschenleere Ebene säumen. Gerne hätten wir nach Beendigung der Aufnahmen noch ein wenig auf der steinernen Bank gesessen, auf deren erhöhtem Mittelsitz damals sicher der Zeremonienmeister seinen Platz hatte, um sich die Anliegen derer anzuhören, die um Audienz beim König nachsuchten. Aber Ali drängt. Der Heimweg ist weit, und er möchte uns am Abend noch seinen Freund Ahmad vorstellen, der ihn die kommenden zwei Tage vertreten wird.

Es herrscht sehr reger Lastwagenverkehr. Wir befinden uns auf der großen Durchgangsstraße Teheran–Isfahan–Schiraz. Wir haben am Tag zuvor schon zufrieden festgestellt, daß unsere zwei Chauffeure zwar sehr zügig, aber nicht leichtsinnig fahren. Ich sitze mit Ali im Wagen; er zeigt sich als äußerst belesener, junger Mann. Er hat politische Wissenschaften studiert und schwärmt zu meinem Erstaunen besonders von Hannah Arendt, einer jüdischen Soziologin und Politologin, und ihrem Buch »On revolution«. Auf meine Frage, wie sich dies mit der grausam blutigen islamischen Revolution Khomeinis vertrüge, zeigt sich, daß Ali, ein Kind dieser Revolution, nicht von ihren Zielen Abstand genommen hat, aber von ihren Mitteln.

Er hält die Verfolgung und Verurteilung politisch und religiös Andersdenkender für falsch und träumt von einer besseren islamischen Welt, ein Idealist, aber kein Ignorant oder Fanatiker. Ich mag ihn sehr gerne. Ali stammt aus der kleinbürgerlichen, strenggläubigen Händlerschicht der Bazaris von Schiraz, ist in einem viel engeren Umfeld groß geworden als Faramaz, der aus einer ehemals Land besitzenden Familie stammt mit westlichem Bildungs- und Lebensstandard und langjährigem Studienaufenthalt in Deutschland. Von unterschiedlicher Warte her haben beide, Ali und Faramaz, die Hoffnung, daß das Leben im Iran langsam in gemäßigte Bahnen zurückkehren wird. Inshallah, Allah möge es geben! Während wir vier auch heute abend dem Shrimps-Cocktail im Restaurant nicht widerstehen können, eilt Ali weiter und kehrt bald mit Ahmad zurück, einem freundlich, aber lethargisch blickenden jungen Mann. Dieser erste Eindruck von ihm stellt sich nicht als Täuschung heraus. Ali hat bereits für morgen einen Toyota Landcruiser über das Ministerium angemietet.

Schon früh starte ich in seiner Begleitung zu einem Antrittsbesuch bei der Altertümer-Verwaltung, die in einem Palast aus der Mongolenzeit untergebracht ist. Der zuständige Wissenschaftler erteilt seine Zustimmung und gibt Ratschläge. Auch das Telex aus Teheran ist – o Wunder – beim Informationsministerium eingetroffen! Ali verabschiedet sich: Bis Dienstag, in Teheran!

Die Suche nach den Persischen Toren

Ein strahlender Morgen und ein strahlendes, erwartungsvolles Team. Nun vielleicht doch ein wenig Abenteuer auf Alexanders Spuren?

Die Berge im Westen der Ebene von Schiraz wachsen schnell vor uns hoch. Der einstmals gefährliche »Paß der alten Frau« wird auf modern ausgebauter Straße überwunden, die zum Golfhafen Buschehr führt. Nach kurzem Stopp an einem klaren Wasserfall geht es weiter bergab durch die kahlen Fels- und Schotterberge, bis wir von der Hauptstraße in Richtung Behbehan abbiegen. Wir passieren Bischapur, die »schöne Stadt Shapurs«. Shapur I., König des neupersischen Reiches aus dem Geschlecht der Sassaniden, hat sie nach seinem Sieg über die Römer im Jahre 266 n. Chr. erbaut. 1976 habe ich dort Aufnahmen für einen Dokumentarfilm über die Sassaniden gemacht. Für einen Aufenthalt ist heute keine Zeit. Jetzt sind wir auf Alexanders Fährte, und die ist über ein halbes Jahrtausend älter.

Nurabad, eine kleine Stadt mit vielen Bäumen und Gärten, ist um die Mittagszeit erreicht. Der Fahrer hält im Hof eines kleinen Amtsgebäudes. Ahmad, der nahezu die ganze Strecke zwischen Chauffeur und Faramaz eingeklemmt geschlafen hat, verschwindet und kehrt nach kurzer Zeit mit drei Begleitern zurück. Sie wohnen im Dorf am Eingang der Tang-i-Kas-Schlucht, haben aber von Mollah Susan und den Persischen Toren noch nie etwas gehört.

Das hat nicht unbedingt etwas zu bedeuten. Wer weiß bei uns schon Bescheid über den Verlauf einer Römerstraße? Unsere Führer fahren im Jeep voraus. Sechs Kilometer hinter Nurabad geht es rechts am Fluß entlang in ein breites fruchtbares Tal, das sich bald verengt. Der schmale Erdweg windet sich auf der rechten Talseite spiralförmig die Berge empor, die hier locker bewaldet sind. Nach eineinhalb Stunden stoßen Tal und Weg auf einen hochgelegenen, weiten Talkessel. Mitten im Dorf ist Endstation. Über die hohen Berge ringsum führt kein Weg, von einem Engpaß weiß hier niemand etwas.

Tang-i-Kas ist eine falsche topographische Angabe, ein Ergebnis immerhin, wenn auch ein negatives für uns. Nur ein alter Mann erinnert sich an den Namen Mollah Susan. Dieser Ort, meint er, müsse jenseits des hohen Bergkammes im Norden liegen. Dort gewesen sei er selber allerdings noch nicht. Die Sonne sinkt bereits. Dieser Tag ist vorbei. Wir sind hungrig und nehmen die Einladung des Dorfes zum Essen gerne an.

Ich erhalte den besten Platz am warmen Bollerofen. Draußen weht trotz Sonne ein scharfer Wind. Mit der Selbstverständlichkeit orientalischer Gastfreundschaft wird den Fremden aufgetischt. Der Raum füllt sich, das halbe Dorf sitzt mit uns auf den schönen bunten Kelims, die Männer nur, versteht sich. Über mir an der Stirnwand hängt das übliche Bild Khomeinis, darunter die Fotos der jugendlichen Söhne unseres Gastgebers. Als Kugelfang und Minenfutter haben sie im Namen Allahs gegen Saddam den Märtyrertod erlitten.

Faramaz berichtet während des einfachen Mahles aus Fladenbrot, Tomaten, Omelett und gutem heißen Tee, über unseren Alexanderfilm. Für die genossene Gastfreundschaft möchte ich mich gerne erkenntlich zeigen. Ich frage an, ob es mir gestattet sei, der kleinen Dorfschule für Lehrmaterial eine Kleinigkeit zu stiften. Dies wird akzeptiert, und so statten wir dem kleinen Schulhaus, in dem der Nachmittagsunterricht noch nicht zu Ende ist, einen kurzen Besuch ab. Der Lehrer ist sehr erfreut, die Kinder, etwa 40 Jungen und Mädchen, sind vor Erstaunen stumm.

Uli, selbst noch nicht lange stolzer Vater, gelingt es, mit Grimassenschneiden den Bann zu brechen. Ein Abschiedsgruß und wir holpern zurück. Die Nacht bricht wie überall im Orient schnell herein. Unsere Führer im Jeep bieten uns für die Nacht ihre Gastfreundschaft an. Die hätte ich liebend gerne angenommen, aber Ahmad, unser Oberschläfer, wird zum ungünstigsten Zeitpunkt munter und besteht darauf, den weiten Weg nach Kazerun, ein Stück zurück also, zu fahren, da er in der dortigen Kaserne über einen Offiziersfreund für uns Zimmer habe herrichten lassen. Wir ergeben uns widerwillig und stehen um 21 Uhr im Dunkeln vor der Kaserne, während Ahmad versucht, besagten Offizier aufzutreiben. Felix erträgt gelassen alles, aber Uli reißt der Geduldsfaden, besonders als Ahmad unverrichteter Dinge zurückkehrt. Sein Freund hat noch Ausgang. Wir finden noch ein offenes Lokal, nicht sehr gemütlich, aber für unseren Hunger ausreichend. Im ersten Stock hat der Wirt noch vier Zimmer für uns frei. Ahmad will in der Kaserne schlafen. Er verspricht, morgens um 5 Uhr pünktlich vor dem Tor zu stehen. Es ist inzwischen 22 Uhr, der elektrische Strom wird pünktlich abgeschaltet, und der Wirt geleitet uns mit Lampe zu unseren Kämmerchen. Auf unsere Bitte erhalten wir alle frische Laken, also »Gute Nacht!«. Ein wenig später, nach einem Gang zur ebenfalls unbeleuchteten Toilette, erwische ich trotz Taschenlampe die verkehrte Zimmertüre und will zu einem Iraner ins Bett steigen. Der arme Mann kann nach diesem Schock nicht mehr einschlafen; ich höre ihn hinter der dünnen Wand lange herumrumoren. Wahrscheinlich verbarrikadiert er die Tür, um vor weiteren unsittlichen Angriffen sicher zu sein.

5 Uhr. Kein Ahmad. Die Wache am Tor holt ihn für uns aus dem Bett. Wir passieren Nurabad noch bei Dunkelheit und biegen nun auf der anderen Seite des Flusses hinter einem Steinbruch in die Berge ab. Nach einigen Kilometern führt der Jeepweg nach Nordosten, in eine wilde, steile Schlucht, durch die der Shirin-Fluß sich schäumend seinen Weg bahnt. Dunkle und weiße Felsformationen wechseln miteinander ab. Der weiße Kalkstein ist im unteren Teil der Hänge zu Schotter und Sand erodiert. Wie in der Tang-i-Kas-Schlucht findet sich hier lichter Baumbestand.

Eine Schafherde kommt uns entgegen. Die Sonne hat inzwischen die Berghöhen erklommen; ich bin sicher, jetzt fahren wir auf der Straße, auf der einstmals Alexander und seine Makedonen marschierten.

Purd-i-murd, ein Dorf an einer Tal- und damit Wegkreuzung. Hier gibt es eine Brücke über den Shirin. Mollah Susan? Achselzucken: Beide Wege führen über die Berge nach Ardakan. Auf einem Hügel oberhalb des Dorfes in exzellenter Beobachtungslage weht die Fahne einer kleinen Militärstation. Dort muß man die Wege kennen und auch Mollah Susan. Warum nicht fragen, schließlich haben wir ein offizielles Papier und einen offiziellen Begleiter. Oben werden wir strahlend empfangen wie lang ersehnte Gäste. Seit gestern abend habe man nach uns angestrengt ausgespäht, als in Nurabad bekannt geworden sei, daß wir nach der Tang-i-Kas wahrscheinlich hier heraufkämen. Mollah Susan läge nur eine Wegstunde oberhalb. Aber unser Papier, das Ahmad vorzeigt, habe leider keine Gültigkeit. Der Gouverneur von Nurabad habe Anordnung gegeben, uns zurückzubringen. Die Späheraugen hatten uns gar nicht wahrgenommen! Keine innere Stimme hatte uns gewarnt! Wir waren freiwillig in die Höhle des Löwen getappt, eine überaus freundliche Höhle, in der die Mannschaft hin und her springt, um uns in einem der Mannschaftsräume ein feines Frühstück zu servieren. Ahmad ist hilflos, er war mit so einer Mission noch nie im Leben betraut. Ich bitte Faramaz, in Nurabad anzurufen. Der Gouverneur ist am Apparat. Er habe telefonische Anweisung aus Schiraz, uns nicht hier durchzulassen. Wir möchten umgehend zu ihm zurück nach Nurabad fahren. Wahrscheinlich hat er gar keine Anweisung erhalten, aber unsere Anwesenheit hat sich gestern wohl in Windeseile herumgesprochen und ist auch ihm zu Ohren gekommen.

Uli möchte alles hinwerfen; die Zeit reiche ja sowieso nicht mehr. Er verstehe diese Leute, diese Welt hier nicht.

Ich verstehe sie durchaus. Der Kardinalfehler liegt ungewollt beim Informationsministerium in Schiraz, das den Gouverneur nicht über unser Vorhaben informiert hat und mich nicht über die Existenz eines Gouverneurs. Ein ausländisches Kamerateam kommt, das einzige sicher in den letzten 12 Jahren, und er weiß nichts davon, ist übergangen worden. Auch manch deutscher Beamter möchte gerne wichtig genommen werden. Der Gouverneur von Nurabad aber hat vor seinen Leuten das Gesicht verloren.

Hier hilft nichts als zu gehorchen. Ich verspreche Hussein, dem Fahrer, eine Belohnung, wenn er zeigt, was er am Steuer kann. Eine Ein-Mann-Eskorte mit Maschinengewehr hat nur noch Platz zwischen den harten, scharfkantigen Metallkoffern im Gepäckraum.

Hussein fährt wie der Scheitan. Wir sind beschäftigt, uns festzuhalten. Ahmad kommt diesmal nicht zum Schlafen. Aus dem Gepäckraum ertönt unterdrücktes Stöhnen. Der arme Kerl muß mit blauen Flecken übersät sein und fürchtet um seine Knochen. Hussein schafft eine Rekordzeit von 45 Minuten. Uli und Felix warten am Wagen, Zornesausbrüche helfen nicht weiter. Ahmad verdrückt sich in eine

Amtsstube. Der Gouverneur steht in Erwartungshaltung in seiner Amtstüre. Tee wird bestellt, Höflichkeiten werden ausgetauscht. Der Gouverneur meldet ein Gespräch nach Schiraz an, kommt allerdings nicht durch. Faramaz erklärt. Der Gouverneur besteht auf seiner nicht vorhandenen Anweisung. Ein zweiter Tee. Ich sage, wie gerne ich in islamischen Ländern reiste, auch in Iran. Hier sei ich zu Schahs Zeiten als Frau nur mit der größtmöglichen Zuvorkommenheit und Hilfsbereitschaft behandelt worden. Teheran hätte sich sehr bemüht, unseren Film zu ermöglichen. Was würde das Ministerium sagen, wenn wir unverrichteter Dinge nach Deutschland zurückfliegen müßten, schon übermorgen!

Ein dritter Tee, und der Gouverneur unterschreibt den Passierschein. Er ist selbst ganz glücklich über seine Entscheidung. Wir scheiden geradezu herzlich voneinander. Eine höllische Fahrt zurück nach Purd-i-Murd. Unsere Eskorte weigert sich entsetzt, noch einmal einzusteigen. Sie käme lieber anderweitig nach. Hussein ist ein exzellenter Chauffeur, und der Wagen? Der gehöre, Allah sei Dank, nicht ihm.

Die Soldaten in der Station freuen sich aufrichtig, daß wir das notwendige Papier erhalten haben. Zwei fahren nun als Führer im Jeep – ebenfalls wie die Teufel – vor uns her. Der Weg wird nicht besser. Nach einer Stunde tauchen, sooft das schmale Tal den Blick nach Osten freigibt, die ersten schneebedeckten Gipfel auf. Unterhalb dieser Schneeberge, am Westhang eines Kessels, taucht ein Dorf auf. Durch eine Senke von diesem getrennt, erhebt sich auf einem Bergvorsprung ein steinernes Haus, das wie eine kleine Burg das Tal zu bewachen scheint: Das ist Mollah Susan, erklärt uns der fließend englisch sprechende Schullehrer. Sein Großvater, der dieses Haus erbaut habe, sei der Mollah oder Mullah Susan gewesen. Dann deutet er auf einen dunklen Einschnitt in der hohen Hügelkette im Süden des Kessels: Das sind die Persischen Tore!

Alexander und Dareios

Es ist nur etwa eine halbe Stunde Fußmarsch ins Bachtal hinunter bis zum Eingang der Schlucht. Ich erkundige mich, ob der Jeepweg über die Berge nach Ardakan eine Abzweigung in die Ebene von Marv Dascht habe und befahrbar sei. Das hält man für ausgeschlossen, da oben noch überall hoher Schnee läge. Wir würden steckenbleiben.

Uli, Felix, Faramaz und ich machen uns auf den Weg über Mollah Susan ins Tal hinunter. Ahmad ist müde, er will mit Hussein mit dem Toyota hinfahren. Dies ist möglich, kostet aber sehr viel Zeit. Außerdem finden wir es herrlich, uns mal nicht nur mit Auto fortzubewegen. Es ist sehr warm in der Mittagssonne, aber so nah am Ziel macht mir auch das Schwitzen unter meiner Vermummung nicht viel aus. Im Tal stoßen wir an der Seite des Baches wieder auf die persische Königsstraße, eine von den vielen großen Straßen des alten Perserreiches. Gut ausgebaut und befestigt, ständig instand gehalten und mit Post- und Wachstationen versehen, ermöglichten sie schnelles und gefahrloses Reisen im ganzen Land. Von unserer Abzweigung hinter Nurabad bis hier hinauf mag Alexanders gut durchtrainierte Armee zwei, eher drei Tage benötigt haben, wenn man von Alexanders für die damalige Zeit enorm großen Tagesetappen von rund 25 Kilometern im Durchschnitt ausgeht. Das letzte Nachtlager vor dem Engpaß kann er nur auf der kleinen Hochebene um Mollah Susan herum aufgeschlagen haben. Dann am frühen Morgen das Fanfarensignal zum Angriff auf die persischen Stellungen!

Der schmale Zugang ist unseren Blicken noch verwehrt durch einen Wald schlanker Pappeln (Abb. 14).

Durch die Schlucht am Wasser entlang führt heute nur ein enger Ziegenpfad. Vor dem Eingang ein Gehöft, die Frauen haben die Ziegen gerade in den Innenhof getrieben. Ich erfreue mich an ihren bunten Gewändern, wie sie alle Frauen der Zagrosbewohner lieben, mit den unendlich weiten Röcken und zarten durchsichtigen, bestickten Schleiertüchern. Ich erinnere mich an den faszinierenden Anblick der Kaschgai-Nomaden, wie sie im Frühjahr ihre Herden durch die Marv Dascht auf die Sommerweiden treiben. Aus einer Wolke von Staub, aufgewirbelt durch Hunderte von Tierhufen, tauchten sie in der kargen Landschaft auf wie unwirkliche Wesen, zu Fuß oder hoch zu Roß, gold- und silberglitzernd, in allen Regenbogenfarben schillernd. Hier an den Persischen Toren hat der Tschador – wie er in anderen Teilen des Landes seit langem zur Tradition gehört – keinen Einzug gehalten.

Wir gehen ein kurzes Stück in die Schlucht hinein, die der persische Statthalter Ariobarzanes gegen den Ansturm Alexanders mit einer Mauer gesperrt hatte. Die Gefahr für die Makedonen aber drohte von oben. Ungeschützt praktisch waren Alexanders Soldaten dem Pfeilbeschuß und den herabdonnernden Steinen und Felsbrocken ausgeliefert. Denn dicht an dicht waren die Höhen zu beiden Seiten von Feinden besetzt. So war bereits der erste Angriff sehr verlustreich. Alexander zog sich zurück. Seinen General Krateros ließ er mit einem Teil der Truppen den Eingang bewachen. Er selbst brach mit dem anderen Heeresteil, von Überläufern geführt, nachts heimlich auf, um in zwei Nachtmärschen auf steilen, gefährlichen Ziegenpfaden über die Berge hinweg die zehn Kilometer lange Schlucht zu umgehen. Das Lager des Ariobarzanes auf der anderen Seite wurde im Sturm erobert, er selbst geriet zwischen Alexander und Krateros in die Zange. Sein Heer wurde aufgerieben. Ariobarzanes selbst entkam mit wenigen seiner Soldaten über die Berge.

Hussein ist immer noch nicht mit dem Auto hier. Die anderen drei fotografieren die Frauen, die das mit sichtlichem Vergnügen und ohne Scheu geschehen lassen. Ich betrachte die friedliche Szenerie, die Berge ringsum, das Pappelwäldchen, den aus der Schlucht hervorsprudelnden Bach, eine schöne, für den südlichen Zagros typische Landschaft. Ihre Bedeutung, ihre Einmaligkeit, erhält sie nur durch die Geschichte, die sich vor zweieinhalb Jahrtausenden hier zutrug. Sie war Schauplatz und ist Zeuge für die Überlieferung vom Kampf zwischen Alexander und Ariobarzanes. Erst durch das Erleben dieser Landschaft gewinnt das historische Ereignis in meinem Kopf bildhafte Vorstellung:

Mit Grauen und dem Mut der Verzweiflung im Herzen erwarteten die persischen Soldaten des Ariobarzanes den heranziehenden Gegner. Nachts drangen die Geräusche von Mollah Susan zu ihnen herüber, wo die Makedonen ihr Lager aufschlugen. Sie kannten den Feind, seine furchtbare Schnelligkeit und Wendigkeit im Gefecht. Zweimal hatten sie Alexander schon anstürmen sehen in der Schlacht (Abb. 13); im hellglänzenden Panzer und mit dem Helm mit weißem Busch, allen voran wie der Kriegsgott selbst. Ihr eigener König war bei seinem Anblick geflohen, hatte sie, seine Soldaten, im Stich gelassen (Abb. 15).

Die einfachen Krieger hier wußten sicher nichts von dem Briefwechsel, der nach dem verlorenen Kampf bei Issos in Nordsyrien im Herbst 333 zwischen Dareios und Alexander stattgefunden hatte. Dareios III. bot Frieden an und Lösegeld für seine Mutter, seine Gattin und seine Kinder, die in Alexanders Hände gefallen waren. In einem zweiten Schreiben bot er ihm sogar die Hälfte seines Reiches an, alle Länder bis zum Euphrat und die Hand seiner Tochter. Ein wahrhaft königliches Angebot war es und dies zu einem Zeitpunkt, da Alexander ja lediglich Teile Kleinasiens, Syriens und Palästinas in seiner Hand hatte. Noch stand ein großes Reich hinter Dareios und immer noch eine riesige Armee. Was mag den Perser zu seinem

Friedensangebot bewogen haben? Die Sorge um seine Familie allein? Das ist unwahrscheinlich. Er wußte, daß Alexander seine Angehörigen in Ehren hielt. Leider wissen wir zu wenig von Dareios. Er war nur zum König im Frieden geboren, in der Schlacht hatte er das Herz eines Hasen. Den Mut des Löwen aber hatte sein Gegner Alexander und den unbeirrbaren Willen, alles zu erringen. Mit einer Hälfte gab sich ein Alexander nicht zufrieden. Auf die Bitte des Dareios erfolgte die kompromißlose Antwort Alexanders:

Eure Vorfahren sind nach Makedonien und ins andere Griechenland gezogen und haben uns Übles getan, ohne vorher durch uns ein Unrecht erlitten zu haben. Ich selbst nun, zum Führer der Griechen ernannt, bin nach Asien gekommen in der Absicht, dieses Unrecht an den Persern zu rächen . . .

So habe ich im Kampfe zuerst Deine Feldherren und Satrapen besiegt und nunmehr auch Dich mitsamt all Deiner Streitmacht. Dein Land aber halte ich als Geschenk der Götter in Händen. Wer von Deinen Leuten nicht in der Schlacht gefallen, sondern zu mir geflohen ist, für den sorge ich, und sie sind nicht ungern bei mir, ja sie kämpfen jetzt freiwillig auf meiner Seite. So komme nun auch Du zu mir als dem Herrn von ganz Asien! . . .

Wenn Du kommst, dann magst Du die Rückgabe von Mutter, Gattin und Kindern und was Du sonst noch begehrst, verlangen und erhalten. Was Du Dir erbittest, es wird Dein sein.

Solltest Du jedoch die Absicht haben, es auf weiteren Kampf um die Herrschaft ankommen zu lassen, so bleibe an Ort und Stelle, zur Schlacht aber weiche nicht aus. Ich auf jeden Fall werde gegen Dich marschieren, wo immer Du auch sein wirst.[1])

Vor Wochen, in der Entscheidungsschlacht bei Gaugamela, nicht weit vom Tigris, hatten die Soldaten des Großkönigs, seine Generäle und Satrapen nicht ihr Bestes gegeben? Doch wieder war Dareios geflohen, hatte den Kampf ohne Not vorzeitig verlorengegeben. Und nun griffen die Makedonen die Persis an, Persepolis. Wo war ihr König, seine Residenz zu verteidigen? So mag es in den persischen Reihen oben auf den Felsengraten der Schlucht geflüstert worden sein, als die Soldaten in fast unerträglicher Spannung das Anbrechen des Tages erwarteten und den hellen Ton der Trompeten, mit denen Alexander zum Angriff blasen ließ.

1) Gekürztes Zitat aus Arrian, Anabasis II. 14

Das Verhalten und das Versagen des Dareios, der, ohne Entscheidungen zu fällen, dem Feind kampflos sein Land preisgab, kam in den Augen seiner Gefolgsleute einem Verrat gleich und besiegelte sein schmähliches Ende. Ein halbes Jahr später, wieder auf der Flucht vor Alexander im Norden Irans, wurde er von den eigenen Leuten umgebracht. Auf einem elenden Karren fand der Makedone den Leichnam seines Gegners. Mit seinem Mantel deckte er den toten König zu, den großköniglichen Siegelring steckte er an seinen Finger. Alexander war nun Großkönig, König von Asien. Die Mörder des Dareios aber verfolgte und bestrafte er gnadenlos.

Ariobarzanes, der hier an den Persischen Toren zum verzweifelten letzten Gefecht angetreten war, hatte seinem König bis zuletzt die Treue gehalten. Ebenso treu diente er später dem neuen Großkönig, Alexander.

Motorradknattern unterbricht meine Gedanken: Der staatlich angestellte Doktor ist mit dick bepackten Seitentaschen auf Impftour unterwegs durch die dünn besiedelten Berge bis zu abgelegenen Höfen wie diesem. Er kommt mit seinem Motorrad fast überall hin, kennt von Berufs wegen die Wege bestens und kann uns raten: »Wie kommt man heute auf die andere Seite der Schlucht?«

»Zu Fuß in eineinhalb bis zwei Stunden. Mit dem Auto gibt es einen ganz neu angelegten Jeepweg, der von hier aus noch vor Purd-i-Murd über die Höhen südlich der Schlucht führt und bei Aliabad mündet, nah am Ausgang der Persischen Tore. Durch die Wärme der Sonne in den letzten Tagen besteht eine gute Chance, daß der Schnee weggeschmolzen ist. Fahren Sie jetzt los, dann schaffen Sie es noch!« Ein guter Tip!

Ich schaue auf meine Straßenkarte. Da sind diese kleinen Erdstraßen nicht eingezeichnet, die ganz neuen erst recht nicht. Aber Aliabad ist eingetragen und von dort gibt es eine kleine Asphaltstraße direkt nach Schiraz! Mein Gott, wo bleiben denn nur Hussein und Ahmad? Wir hätten sie nicht alleine lassen dürfen!

Zehn Minuten ungeduldiges Warten, da erscheint unser Toyota, aber wo ist der liebe Ahmad, der als offizieller Begleiter nicht für eine Minute von unserer Seite weichen dürfte? Ahmad, sagt Hussein, wollte lieber mit den Soldaten nach Purd-i-Murd zurückfahren! Wieder unnötiger Zeitverlust! Ahmad muß also erst in der Militärstation aufgelesen werden. Hussein tut wieder sein Bestes; aber dort sind weder Jeep noch Ahmad eingetroffen. Die Herrschaften sitzen wahrscheinlich im Teehaus in Mollah Susan. Uli und Felix meinen – diesmal zu Recht – wir sollten ihn ruhig sitzenlassen, er fände nach

Schiraz wohl alleine zurück, auch wenn er einen Tag länger brauchen werde. Faramaz äußert sich nicht. Jedenfalls wollen wir ein Stück in Richtung Aliabad fahren, um zu sehen, wie die Wegverhältnisse sind, dann können wir immer noch entscheiden.

Der Weg schraubt sich steiler und steiler die Höhen hinauf, immer gewaltiger und weiter wird der Ausblick. Ganz klein unter uns Purd-i-Murd, die Militärstation mit ihren »scharfäugigen« Posten. Das gesamte Tal des Shirinflusses, das wir am Morgen hinaufgefahren sind, läßt sich verfolgen. Und parallel zu diesem im Norden und Süden schiebt sich Höhenrücken hinter Höhenrücken in die Ebene des Shapurflusses vor. Die Sonne steht schon tief um 4 Uhr nachmittags, die Berge werfen lange Schatten, und nur ihre Spitzen sind in rötliches Licht getaucht. Der Weg überquert nun den breiten Höhenkamm in Richtung Südosten. Tatsächlich muß hier bis vor kurzem Schnee gelegen haben. Der rote Boden ist noch schmierig, stellt aber für den Wagen und Hussein kein Problem dar. Nun zeigt sich auch, warum der neue Jeepweg angelegt worden ist. Große Flächen des lockeren Baumbestandes sind gerodet worden; neues Kulturland entsteht hier oben. Wir kommen durch ein kleines Dorf, dessen hübsche Bruchsteinhäuser erst zum Teil fertiggestellt sind. Noch 20 Minuten fahren wir weiter, bis sich nach Süden, Osten und Westen ein grandioser Rundblick vor uns auftut.

Zwei riesige Tafelberge im Süden ragen tiefverschneit in den sich blaßblau färbenden Abendhimmel. Ziemlich genau im Norden – für uns nicht sichtbar – müssen jetzt die Persischen Tore liegen. Unser Jeepweg folgt ungefähr dem uralten Trampel- und Hirtenpfad, auf dem Alexander unter der Führung Einheimischer die Schlucht umging. Hier oben auf halbem Wege mag er gerastet haben, um nachts weiterzumarschieren.

Eine Umgehung der Schlucht über den Bolsoru-Paß im Norden, wie Aurel Stein vermutete, Anfang Januar, als auch Alexander hier war, wäre viel zu weit und aufgrund der Schneeverhältnisse gefährlicher gewesen. Uli macht eine letzte Aufnahme, dann bitte ich Hussein, nach Purd-i-Murd umzukehren. Faramaz ist erleichtert. Er gehört bekanntermaßen nicht zu den Anhängern des Mullah-Regimes. Möglicher Ärger im Ministerium wegen eines sitzengelassenen Ahmad trifft nicht uns, sondern ihn allein, der auf seine Arbeit als Dolmetscher und Begleiter angewiesen ist. Wir haben auch genügend Filmmaterial verdreht. Es war trotz Hindernissen ein erfolgreicher Tag. Und habe ich diesmal die Persischen

Tore auch nur von einer Seite betreten, so läßt sich die andere Seite privat irgendwann einmal nachholen.

Die Mannschaft in Purd-i-Murd hat inzwischen ein großes Essen für uns zubereitet. Man ist enttäuscht, daß wir sofort weiterfahren wollen, und setzt uns kurzerhand einen riesigen Topf mit Pilav ins Auto hinein.

Nicht weit von Schiraz, es ist inzwischen 23 Uhr, muß Hussein – trotz eifrigen Griffs in den Reistopf – eine Pause machen. Die Raststätte ist ein moderner Bau mit riesigen Fenstern und gemütlichen Holzstühlen und Tischen. Nur die Luft gleicht der in einer Sauna. Mit Heizenergie wird nirgendwo gespart. Kein Wunder bei den Pfennigbeträgen für alle Erdölprodukte. Uli grummelt noch ein wenig über die Verzögerung durch Ahmad, der das überhaupt nicht begreift. »Time is money« ergibt für ihn keinen Sinn, der Glückliche!

Nach der Schlacht an den »Persischen Toren« marschiert Alexander in großer Eile Richtung Persepolis. Die Persis liegt nun offen und ungeschützt vor ihm. Wie in Babylon, Susa und den anderen Reichszentren liegen auch in Persepolis gewaltige Schätze an Edelmetallen. Deren Abtransport oder Plünderung gilt es zu verhindern.

Sechs Kilometer vor Persepolis führt sein Weg an einem hohen steilen Felsriff vorbei, das sich in die Ebene von Marv Dascht schiebt. Von dieser Felswand, Naks-i-Rustem genannt, schauen die Gräber der persischen Großkönige, der Nachfolger des Kyros, auf den Makedonen und seine Soldaten herab (Abb. 16). Dareios ist hier bestattet, der 490 v. Chr. mit seiner Flotte an der Küste Attikas bei Marathon landete und von den Griechen vernichtend geschlagen wurde. Der Läufer, der die Siegesnachricht nach Athen brachte, brach anschließend tot zusammen. Im Marathonlauf erinnern wir uns noch daran. Die Grabfassade ist als Palastarchitektur gestaltet. Das Throngestell darüber wird von 30 Völkern des Reiches getragen, die namentlich bezeichnet sind: Das ist der Perser, das ist der Meder und so weiter. Auf dem Thronpodest vor dem heiligen Feuer steht Dareios im Gebet zu Ahuramazda, dessen geflügeltes Symbol darüber schwebt. In einer Inschrift neben der Grabtür kündet der König dem Vorübergehenden: »Wenn Du nun denkst: Wie vielfach waren jene Länder, die König Dareios besaß? So blicke die Bilder derer an, die den Thron tragen.«

200 Jahre hatten diese Worte ihre Gültigkeit bewahrt. Jetzt steht ein neuer Eroberer, Alexander, hier und viele der Völker gehören bereits zu seinem Reich. Linker Hand, im Winkel des Felsens, ist Xerxes bestattet. Diesen Xerxes meinte Alexander vor allem, als er

nach der Schlacht von Issos dem Dareios III. antwortete: »Deine Vorfahren sind bei uns eingefallen und haben uns Übles angetan.« Xerxes war brandschatzend durch Griechenland gezogen und hatte 150 Jahre später erst Philipp, dann Alexander den Anlaß – oder sollte man sagen: den Vorwand? – geliefert, jetzt in Persien einzufallen.

Flammen über Persopolis

Dann taucht im Osten auf hoher Terrasse Persepolis auf. Wie einst Xerxes als Eroberer den steilen Aufweg zur Athener Akropolis hinaufritt, so reitet Alexander die Treppen des Xerxes empor zum Tor aller Länder. Vor ihm ragt der Thronsaal auf. An seinen Aufgängen betrachtet er die Völker des Reiches, unter ihnen sind auch die Griechen Kleinasiens abgebildet, wie sie dem Großkönig huldigend Geschenke darbringen. Jetzt schreiten diese Griechen als Sieger dieselben Treppen hinauf. Ihre Vorfahren hatten nicht nur als freie Handwerker und Baumeister hier mitgewirkt, sondern – wahrscheinlich unter Xerxes und späteren Großkönigen – als Deportierte und Gefangene Zwangsarbeit geleistet. Bei den Ausgrabungen in den Magazinen von Persepolis fanden sich Keilschrifttäfelchen, die sie als Sklaven auflisten und auch den ärmlichen Lohn, vorwiegend Naturalien, verzeichnen, der ihnen und ihren Familien zustand.

Zwei griechische Steinmetzen haben aus Zeitvertreib ihre Köpfe in den Fuß einer Dareiosfigur geritzt und geben uns damit Zeugnis von ihrer Anwesenheit lange vor Alexanders Zeit.

Wir sind von Naksh-i-Rustem sozusagen mit den Makedonen noch einmal nach Persepolis gekommen. Wo Dareios das Noruzfest zelebrierte, residiert nun Alexander mit seinem Hofstaat, der in erster Linie aus seinen Hetairoi, seinen Gefolgsleuten, besteht, makedonischem Adel, aber auch Griechen darunter. Sie besetzen die wichtigsten militärischen Kommandos. Daneben ziehen mit Alexander Dichter, Hofhistoriographen und gelehrte Männer, die mit der Aufnahme von Land und Leuten, Botanik und Topographie beschäftigt sind. Architekten, Agraringenieure, Techniker und Schrittmesser, das heißt Landvermesser, sind mit dabei. Waren anfangs Frauen beim Heer nicht zugelassen, hören wir, daß in Persepolis bei abendlicher Tafelrunde auch griechische Hetären anwesend sind. Besonders tragisch muß den Einzug in Persepolis die

Familie des Dareios empfunden haben, seine Mutter und Töchter, die Alexander mit ihren persischen Bediensteten seit Issos begleiten mußten. Dareios Gemahlin ist unterwegs bei der Geburt ihres Kindes gestorben. Alexanders ganzes Gefolge aber macht nur einen verschwindenden Bruchteil an Menschen aus, verglichen mit dem Staatsapparat des Großkönigs, für dessen Residenz Persepolis allein um das Jahr herum 15 000 Beamte tätig waren.

Alexander bleibt vier Monate. Die ungeheuren Schätze in Edelmetallen, vorwiegend Silber, die ihm hier und in den anderen Reichszentren in die Hände gefallen sind, betragen wohl insgesamt 200 000 Talente, das sind rund 5239 Tonnen! Mit leerer Kriegskasse war er 334 aufgebrochen; um finanzielle Probleme muß er sich nun nicht mehr sorgen. Alexander lohnt reichlich, der Soldatensold wird pünktlich ausgezahlt. Auch mit großzügigen Geschenken an seine Freunde geizt er nicht. Ein großer Teil des Metalls wird zu Münzen geprägt nach attischem Gewichtsstandard. Die enorme Steigerung des Geldumlaufes, dazu die Bedürfnisse einer riesigen Armee mit ihrem ganzen Troß, ließen Scharen von Kaufleuten und Händlern, meist Griechen und Phönizier, mit nach Osten ziehen, und ihre Geschäfte liefen gut.

Bei der Kurzfassung einer langen Geschichte muß erst einmal ausgewählt werden; das gilt besonders für die filmische Umsetzung. Aber: Wer die Wahl hat, hat auch die Qual: Eigentlich ist ja alles wichtig, eines hängt vom anderen ab.

Wirtschaft des Perserreiches: 20 Sekunden. Also beginnt man, in Schlagworten zu texten, ein zweifelhaftes Unterfangen, besonders wenn – wie in diesem Fall – wenig Fakten bekannt sind.

Marktwirtschaft, Planwirtschaft und Staatswirtschaft versteht als Begriffe heute jeder; die Folgen dieser unterschiedlichen Systeme sind derzeit besonders deutlich zu spüren. Diese Begriffe dürfen, auf längst vergangene Zeiten angewendet, nur als Versuch einer Annäherung gesehen werden.

Griechenland bestand aus Stadtstaaten. Griechische Handelsniederlassungen und griechische Städte gab es zudem fast ums ganze Mittelmeer herum. Es gab kleine Handwerker und Handwerksbetriebe, die man durchaus schon als mittelständische Unternehmen bezeichnen könnte. Sie arbeiteten auf eigene Verantwortung und für den eigenen Gewinn. Händler und Großkaufleute importierten und exportierten. Angebot und Nachfrage regelten den Preis. Unternehmergeist und Eigeninitiative waren griechische Eigenschaften. Es gab in einfacher Form bereits Bank- und Kreditwesen. Die Enge des

Mutterlandes, das nicht allen Arbeit und Brot geben konnte, veranlaßte die Griechen schon Jahrhunderte vor Alexander, in der Fremde ihr Glück zu suchen. Wir können durchaus für die griechischen Verhältnisse von einer Marktwirtschaft reden. Unsere zusätzliche soziale Komponente war dem Altertum unbekannt.

Der Iran war – wie auch Makedonien vor Philipps und Alexanders Zeit – ein reines Agrarland. Stadtkulturen gab es hier nicht. Die Adligen standen im Lehnsverhältnis zum König. Ein großer Teil des Landes galt als Besitz des Königs, dem dafür Pacht und Steuern gezahlt werden mußten. Die größeren Ansiedlungen um die Reichszentren und Residenzen im Iran waren keine sich selbstverwaltenden Gemeinwesen wie in Griechenland. Auch sie waren Besitz des Königs, der den Staat verkörperte. Als Freie oder Unfreie arbeiteten sie alle im Dienste des Königs für einen Lohn, der ihnen vorwiegend in Naturalien ausbezahlt wurde. Der Großkönig prägte zwar Münzen, den sogenannten Dareikos, aber in den östlichen Ländern war Tauschhandel noch gang und gäbe.

Inwieweit Alexander in dieser Zeit mit kleineren Strukturreformen begonnen haben mag und welche er für die Zukunft plante, entzieht sich unserer Kenntnis. Auf seinem weiteren Eroberungszug bis zu den eurasischen Steppen nördlich von Samarkand und Buchara und bis nach Indien gründete Alexander über 60 neue Städte nach dem Vorbild der griechischen Polis. Als kulturelle und wirtschaftliche Zentren sollten sie kreisförmig ins Umland ausstrahlen und neue Impulse geben.

Noch ist Dareios Großkönig, aber für Alexander ist er kein ernsthafter Gegner mehr. Er fühlt sich bereits in Persepolis als Sieger. Das Ende des Rachekrieges der Griechen gegen die Perser inszeniert er vor seinem Abmarsch wie die Schlußszene eines Theaterstückes: Analog zum Brand der Tempel auf der Akropolis von Athen vor 150 Jahren, geht jetzt Persepolis in einem Flammenmeer unter. Ein grausig gewaltiges Schauspiel, nicht im Rausch beschlossen, wie eine unserer Quellen glauben machen möchte, sondern ein bewußter Akt.

Viel Holz muß herbeigeschafft und aufgetürmt werden, um die mächtigen Zedernstämme in 25 Meter Höhe in Brand zu setzen. Die Spuren sind noch heute an den Säulen zu sehen.

Mit dem Untergang von Persepolis, das nie wieder entstand, ging eine ganze Epoche zu Ende, die Epoche der altorientalischen Großreiche. Ein neues Zeitalter beginnt mit und durch Alexander, das Zeitalter des Hellenismus.

1 Palast Philipps II. in Aigai

2 Theater von Aigai

3 Rekonstruktionsversuch des Bankettsaales Philipps

4 Grabfresko: Pluton raubt Persephone

5 Elfenbeinportrait Philipps

6 Elfenbeinportrait Alexanders

7 Satyrkopf von Philipps Trinkschale

8 Philipps Eisenpanzer

9 Grabhaus Philipps

10 Philipp auf Löwenjagd, Umzeichnung

11 Diadem Kleopatras, der jungen Frau Philipps

12 Schule des Aristoteles in Mieza

13 Der angreifende Alexander vom Alexandermosaik

14 An den Persischen Toren

15 Der fliehende Dareios vom Alexandermosaik

16 Die Gräber der persischen Könige von Naksh-i-Rustem

17 Die Terrasse von Persepolis

18 Der Thronsaal (Apadana) von Persepolis

19 Treppenaufgang, Apadana

20 Meder und Perser

21 Delegation der Babylonier

22 Delegation der Kiliker

23 Kyros-Palast von Pasargadai

24 Inschrift des Xerxes am Apadana von Persepolis

25 Der Tiric Mir, der altindische Meru, über dem Kunartal

26 In den Hindukuschbergen Nord-Chitrals

27 Kalaschfrau auf dem Dach ihres Hauses in Rampoor

28 Weinkeltern bei den Kalasch in Biri

29 Dionysos segelt über das Meer, Exekiasschale, um 530 v. Chr.

30 Lowari-Paß

31 Floß auf Rinderbälgern

32 Barikot, im Hintergrund der Berg Ilam

33 Gipfelplateau des Ilam

Wir nehmen Abschied von den Ruinen, die Alexander übrigließ, und die paradoxerweise gerade durch sein Zerstörungswerk, unter dem riesigen Schutthügel verborgen, über die Zeiten hinweg für uns bewahrt blieben.

An den Sockel seines Thronsaales hatte Xerxes schreiben lassen:

Ich bin Xerxes der große König,
König der Könige,
König der Länder vieler Stämme,
König dieser großen Erde weithin,
Sohn des Königs Dareios,
ein Achämenide . . .
Hiermit erklärt Xerxes, der große König:
Was hier von mir gebaut wurde,
und was anderswo von mir gebaut wurde,
das baute ich durch die Gnade Ahura Mazdas.
Möge Ahuramazda mich beschützen mit den Göttern,
und meine Herrschaft,
und was von mir gebaut worden ist (Abb.24).

Die Götter beschützen die Werke der Menschen nicht für alle Ewigkeit. Ahuramazda wacht nicht mehr. Längst ist Allah an seine Stelle getreten.

Früh am nächsten Tag steigt unsere Maschine in Schiraz auf. Zu meiner Freude fliegt sie direkt Richtung Norden. Die Marv Dascht taucht im klaren Morgenlicht unter mir auf und dort der Felsenrükken von Persepolis.

Der Pilot dreht nach Westen ab, folgt von oben der alten Straße über die Gräber von Nakhs-i-Rustem in Richtung der Zagrosberge, deren verschneite Gipfel uns linker Hand ein Stück begleiten, bis ein dichtes Wolkenmeer sie verschluckt.

Teheran, Ali, ein freundliches Hallo! Wir verabreden uns alle am Abend im feinen Dachrestaurant des Hotels. Ich habe mich schick angezogen, wir sind später noch bei Faramaz und seiner Frau zu Hause zu Gast. Vorläufig sitze ich aber islamisch züchtig am fein gedeckten Tisch. Ein Paar tritt ein, der Herr hilft seiner Dame aus dem Mantel: Ein unhörbares »Ah« geht durch den Raum. Die Dame steht strahlend da im tiefen Dekolleté, Minirock und mit nackten Armen. Nicht lange: Zwei Ober stürzen herbei, schirmen die Entblößte vor den unzüchtigen Blicken der anwesenden Herren, bis der erschreckte Begleiter sie wieder eingewickelt hat. Später erzählt uns Sharmin, Faramaz schöne blonde Frau, die aus Schiraz stammt, die Kleiderordnung sei sonst nicht mehr gar so streng. Im übrigen treffe man sich meist privat, und da habe sich das Leben auch durch die Revolution kaum geändert. Dieses bestätigen mir auch deutsche Freunde, die seit 30 Jahren in Teheran zu Hause sind. Wir verbringen einen vergnüglichen Abend bei einer guten Flasche iranischen Weins.

Von Ali verabschieden wir uns am nächsten Morgen im Ministerium. Er muß die Filmrollen und Kamerakoffer für den Zoll versiegeln.

Er drückt mir von sich aus fest die Hand und meint treuherzig, er habe gegen westliche Frauen wie mich überhaupt nichts einzuwenden. Na, da kann man ja wirklich Hoffnung haben!

Faramaz begleitet uns zum Flughafen. Vielleicht bis bald in Deutschland oder Iran!

2. Teil

Bis ans Ende der Welt

In den Ländern des Hindukusch

Die Nacht ist pechschwarz. Der Weg ist schlüpfrig, denn im Laufe des Nachmittags sind schwere Regengüsse herniedergegangen, außergewöhnlich für Ende August. Schwere Felsbrocken wurden heruntergespült, die umfahren oder beim Licht der Autolampen von uns gemeinsam beiseite geräumt werden müssen. Hin und wieder leuchten auf den engen und steilen Serpentinen unter uns Scheinwerfer auf. Eine Ausweichstelle muß gefunden werden, damit sich die gefährlich überladenen Lastwagen an uns vorbeischieben können. Bei Tag wahre Prachtstücke an vielerlei Zierat und bunter Bemalung, tauchen sie jetzt aus der Nacht wie riesige schwarze Ungetüme auf. Manch einer von ihnen schafft die Steigung nicht mehr und kann nur notdürftig mit Gesteinsbrocken daran gehindert werden, den Hang rückwärts hinunterzurutschen.

Viermal habe ich den mehr als 3000 Meter hohen Lowaripaß (Abb. 30) nun schon überquert, aber von Jahr zu Jahr ist die Straße, die Peshawar mit der nordwestlichsten Region Pakistans verbindet, mühsamer zu befahren. Fünfhundert Menschen sind bei ihrem Bau ums Leben gekommen. Sechs Monate ist der Lowari bedeckt mit Eis und Schnee, deren reißende Schmelzwasser im Frühsommer Teile der Straße hinwegschwemmen ebenso wie auch die Regenfälle des Sommers. Hier bleibt die Natur Sieger.

Zweieinhalb Stunden haben wir für die Überwindung der eigentlichen Paßhöhe benötigt. Ich hätte Karsten und Henner und auch der Kameraausrüstung gerne die Ochsentour erspart. Aber das enge Bergtal von Chitral ist von den kleinen, zweimotorigen Maschinen nur bei klarer Sicht anzufliegen. Heute war es von Wolken verhangen. Am nördlichen Fuße der Paßhöhe beginnt die Provinz Chitral. Der Fahrer braucht dringend einen Tee in der einfachen Rasthütte neben dem Gendarmerieposten, bei dem wir unsere Personalien registrieren lassen müssen. Das Buch wird uns verkehrt herum vorgelegt, die Nachtschicht scheint des Schreibens und Lesens unkundig zu sein.

Schnell wird das Licht der einsamen Petroleumfunzel hinter uns von der Finsternis verschluckt. Wir holpern langsam weiter in das Tal des Kunarflusses und betreten endlich gegen 23 Uhr den Innenhof des Mountain-Inn in der Kleinstadt Chitral, die der Provinz den Namen gegeben hat. Haider Ali Shah, der das Hotel führt, begrüßt uns. Bei meinem letzten Besuch in Chitral im Juli habe ich ihn über mein Alexander-Projekt informiert. Er gehört zum Familienclan der Kator- oder Timuri-Dynastie. Sie führt sich zurück auf den großen, seiner Grausamkeit wegen gefürchteten Eroberer Timur, seinerseits wieder ein Nachkomme Dschingis-Khans. Timur hatte im 14. Jahrhundert mit seinen Mongolenheeren weite Teile Asiens und den Vorderen Orient unterworfen. Seit dem Ende des 16. Jahrhunderts regierte die Kator-Dynastie Chitral, bis 1947 nach der Teilung Indiens durch die Briten der Staat Pakistan entstand.

Das derzeitige Oberhaupt der Familie, bei dem ich im Jahre 1986 zu Gast war, zeigte mir die Kampfspuren an den noch erhaltenen Befestigungswerken seines Palastes auf einer Halbinsel im Kunarfluß. Sie stammen von 1895, als britische Offiziere sich hier mit einer kleinen Truppe von 400 Sikhs und Kaschmiris verschanzt hatten. Eineinhalb Monate hielten sie der Belagerung einer Übermacht von Chitralis stand, die, im Bunde mit dem Emir des südlich angrenzenden Swat, die Bevormundung durch das britische Indien abschütteln wollten. Mit ihrer Niederlage hatte die Kator-Dynastie von Chitral ihre Unabhängigkeit verloren und war politisch an England gebunden. Woher rührte das Interesse der Briten an dieser gottverlassenen Gegend in den Bergen des Hindukusch?

Im »Great Game«, im »Großen Spiel« des 19. Jahrhunderts, wie Kipling den Wettlauf um die Vormachtstellung in Asien zwischen dem zaristischen Rußland und dem British Empire nannte, war das kleine Chitral zeitweilig von strategischer Bedeutung. Indiens Westgrenze zu Afghanistan war seit 1893 gesichert. Als Einfallstor für einen russischen Vorstoß nach Indien blieb nur noch Chitral übrig, das durch Paßwege mit dem Pamir verbunden ist. Dieses aber gehörte bereits zu Rußland.

Die strategischen Maßnahmen der Briten geben uns die Erklärung für die kriegerischen Handlungen des ersten Abendländers, der über 2000 Jahre vor den Engländern in den indischen Subkontinent eindrang und die Bergvölker des Hindukusch unterwarf, Alexander.

Was den Engländern im letzten und zu Beginn dieses Jahrhunderts und den Russen in allerjüngster Vergangenheit nicht gelang, hatte Alexander mit seinen Makedonen fertiggebracht: die Unterwerfung der iranischen Stämme des heutigen Afghanistan und selbst der Völlker im Norden des Amur Darja bis hinauf nach Buchara und Samarkand.

In einem von beiden Seiten grausam und ohne Erbarmen geführten dreijährigen Guerillakrieg wurden die bis heute äußerst kriegerischen Stämme besiegt. Am Ende gelang es Alexander, von ihnen als der neue persische Großkönig anerkannt zu werden. Ihre Aristokratie mit hohen militärischen Posten und mit Verwaltungsaufgaben betraut.

Der Makedonenkönig aber verfiel in Liebe zu einer der iranischen Fürstentöchter, Rhoxane. Sie wurde von Griechen und Makedonen neben der Gemahlin des Dareios als die schönste Iranerin gerühmt. Die Liebesromanze zwischen Alexander und Rhoxane hat die Phantasie von Dichtern und Malern aller Zeiten beflügelt. Doch war es zugleich auch eine politische Hochzeit, die Alexanders neuem Konzept, seiner neuen Reichsidee, entsprach: Kein Unterschied mehr zwischen Sieger und Besiegten.

Das Land aber war durch den jahrelangen Krieg wirtschaftlich am Ende: Ein fremdes Heer von niedrig angesetzt 50 000 Soldaten, dazu ein riesiger Troß, in dem auch Tausende von Frauen, vor allem Iranerinnen mitzogen, die sich den Soldaten inzwischen angeschlossen hatten mitsamt ihrer gemeinsamen Nachkommenschaft, dazu Zehntausende von Pferden und Lasttieren. Alle aber mußten aus den landwirtschaftlichen Erträgen der einheimischen Bevölkerung ernährt werden. Hungersnot und Flüchtlingselend waren die Folgen. Die griechischen und makedonischen Siedler in den von Alexander zwischen Kabul und Samarkand neu gegründeten Städten erhielten Ländereien auf Kosten der Einheimischen, und sicher nicht die schlechtesten. Die im Land bei Alexanders Weiterzug zurückbleibenden militärischen Besatzer mußten unterhalten werden.

Je weiter historische Begebenheiten zurückliegen, um so abstrakter und blutleerer werden sie für uns, schrumpfen zusammen zu Jahreszahlen und Veränderungen der Landkarte, sind nur mit den Namen der Protagonisten, der Handlungsträger, verbunden. Das menschliche Elend, das grausame Schicksal des einzelnen aber sah zu Alexanders Zeit nicht anders aus, als es uns die Fernsehbilder aus dem russisch-afghanischen Krieg unserer Gegenwart vor Augen geführt haben.

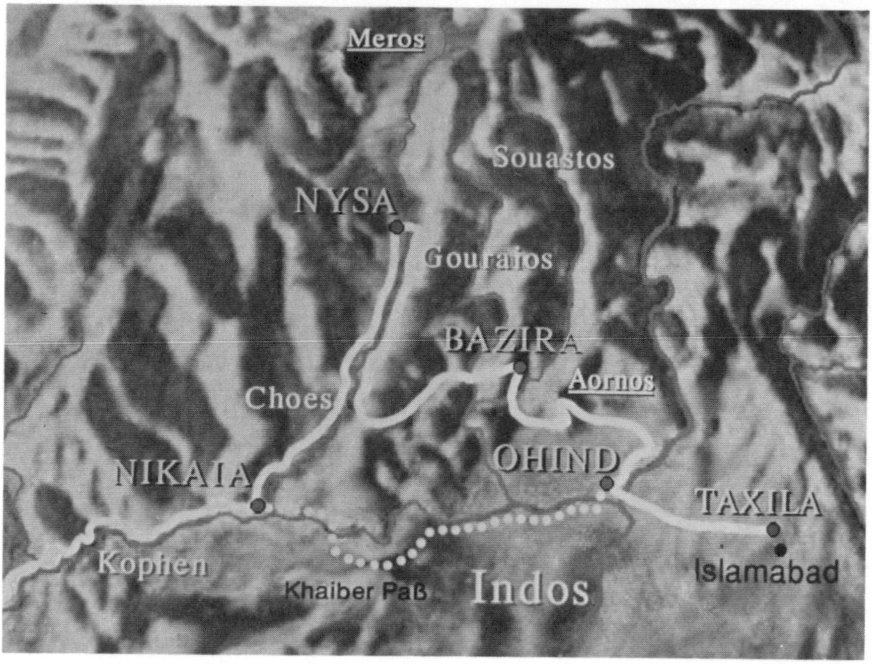

Alexander hat also mit Sicherheit erneuten Aufruhr und gewaltsame Erhebungen in seine strategischen Überlegungen mit einbezogen, als er zur Eroberung Indiens weiterzog.

Für die Russen und Briten des 19. Jahrhunderts waren die Hindukuschländer terra incognita, unbekanntes Land, hatte doch seit Jahrhunderten kaum ein Ungläubiger Zugang zu ihnen. Die topographischen Gegebenheiten, vor allem Wege und Pässe, deren genaue Kenntnis für militärische Unternehmungen unerläßlich ist, mußten von bravourösen Einzelgängern auf abenteuerliche Weise mit oft tödlichem Ausgang erkundet werden.

Dies gilt nicht für Alexanders Zeit. Die Hindukusch-Stämme gehörten seit 200 Jahren schon zum Perserreich. Über Straßenführungen und Pässe sowie über die militärische Ausrüstung und Kampfesweise der einzelnen Völker standen Alexander als neuem König von Asien alle Unterlagen der persischen Archive zur Verfügung; sie wurden ausgewertet und vom eigenen griechisch-makedonischen Stab Zug um Zug ausgebessert und vervollständigt. Iraner, die mit den Gegenden vertraut waren, gehörten ebenfalls zu Alexanders Gefolge.

Sechs Bergkämme führen noch heute von Afghanistan, der von Alexander eroberten Provinz Baktrien und von den Gebieten am Amur Darja über den Hindukuschkamm in die heutige Provinz Chitral und von dort nach Süden in die Ebene von Peshawar. Diese mußte Alexander unter seine Kontrolle bringen, dringlicher noch als die Briten im 19. Jahrhundert, denn Britisch-Indien war über das Meer mit dem Mutterland verbunden. Ob für Handel oder militärischen Nachschub, die entscheidende Lebensader war der Seeweg. Alexanders und seines Heeres Lebensader war dagegen ausschließlich der Landweg. Der führte vom heutigen Kabul durch den Khaiber-Paß in die weite, fruchtbare Ebene von Peshawar, die antike Provinz Gandhara, zum Indusfluß. Wurde diese Verbindung hier, viele tausend Kilometer von der Heimatbasis Makedonien entfernt, in seinem Rücken unterbrochen, waren er und seine Armee in den Weiten des indischen Subkontinents verloren.

Bei Jalalabad, das mit der von Alexander als Nikäa gegründeten Stadt identisch ist, dicht vor der heutigen Grenze zwischen Afghanistan und Pakistan, teilte sich das Heer. Die Hauptarmee und der Troß zogen über den Khaiber-Paß Richtung Gandhara, wie das Land bis zum Indus genannt wurde. Alexander wendete sich mit leichtbewaffneter Infanterie, Kavallerie und Bogenschützen den Choes, heute Kunar-Fluß, hinauf nach Norden.

Ungefähr drei Monate war Alexander unterwegs, von Oktober bis Januar, zur günstigsten Jahreszeit also, in der es wenig Regenfälle, kein Hochwasser durch Schnee- und Gletscherschmelze und keine neuen Schneefälle gibt, die in den tief eingeschnittenen Bergtälern erst im Januar einsetzen.

Nachdem Alexander am Unterlauf des Choes die Stämme der Aspasier besiegt hat, wendet er sich – der herrschenden Forschungsmeinung nach – Richtung Osten in das Land des Goureios, des heutigen Pandjkora-Flusses, und des Soastos, des heutigen Swat. Dieses Gebiet liegt nur circa 100 Kilometer nördlich der großen antiken Straße vom Khaiber-Paß zum Indus, auf der seine Hauptarmee zog. Die Theorie berücksichtigt weder die strategische Bedeutung der Hindukuschpässe noch die Zeitspanne von drei Monaten, die Alexander unterwegs war. Wir ziehen für die Schnelligkeit eines Heereszuges einen Vergleich mit den Briten des 19. Jahrhunderts heran: Das Entsatzheer zur Rettung der Eingeschlossenen von Chitral, 15 000 Mann – ungefähr Alexanders Truppenstärke – benötigte, trotz schwerer Kämpfe mit den Einheimischen, für die rund 130 Kilometer weite Strecke zwischen Peshawar und Mundas am Pandjkora lediglich vierzehn Tage. Auch die britische Truppe bestand aus Kavallerie und Infanterie und dem Troß mit den Lasttieren, die Futterage, Munition und Feldgeschütze trugen. Statt Kanonen führte Alexander Pfeilkatapulte und Steinwurfmaschinen mit sich, anstelle von Gewehr und Patronengürtel waren seine Krieger mit Schwert, Lanze, Köcher und Bogen ausgerüstet. Alexander war obendrein seiner Schnelligkeit und Wendigkeit wegen gefürchtet, seine Soldaten waren mit der Guerillataktik der Bergvölker bestens vertraut. So nehme ich es als wahrscheinlicher an, daß er dem Kunarfluß weiter aufwärts folgte. Er überquerte ihn erst kurz vor seinem Durchbruch durch den Hindukusch, um dann über den Shingara-Paß in den südlichen Landesteil der heutigen Provinz Chitral (Abb. 26) einzumarschieren, die mit der antiken Landschaft von Nysa zu identifizieren ist:

»Nysa liegt am Fuße eines Berges, den die Einheimischen Meros nennen. An seinen Hängen wachsen Efeu und Wein, und die unterschiedlichsten nützlichen Früchte gedeihen hier, während die Wasser das ganze Jahr über von den Bergen herabströmen.«[1]) So berichtet ein Chronist des Alexanderzuges.

Während Alexander also von Süden hier heraufzieht, kommen wir ihm von Norden von der Stadt Chitral her entgegen. Bei klarem Himmel fahren wir in zwei angemieteten Jeeps auf einer schmalen Erdstraße am rechten Ufer des Kunarflusses durch kleine Dörfer, umgeben von den verschiedensten Obstbäumen. Die Walnüsse sind reif und werden mit langen Holzstangen von den Ästen geschlagen. Wo die felsigen Hänge etwas vom Fluß zurückweichen, wird jeder Quadratmeter landwirtschaftlich genutzt. Mir fällt eine Geschichte ein, die ich kürzlich gelesen habe: Ein Afghane aus den heißen, wasserlosen Gebirgstälern Waziristan im Südwesten erzählt – von einer Reise zurückkehrend – seinen Dorfgenossen, er sei in einem Land gewesen, das dem Paradiese gleiche. Nach der Hitze des Tages seien die Abende dort erfrischend kühl. Äpfel, Trauben und Granatäpfel reiften zur gleichen Zeit, und während man die Maulbeeren äße, würden schon die Aprikosen geerntet. Die Eisstücke, die man benötigt, um all die unterschiedlichen Früchte zu kühlen, bringe das Wasser selbst das ganze Jahr über von den Bergen herunter: Die Schilderung ist der des Alexander-Chronisten nicht unähnlich, und wer im Sommer die wirklich paradiesischen Täler Chitrals besucht, wird sie bestätigt finden. Durch die immensen Höhenunterschiede

1) Frei zitiert nach Curtius Rufus, Historia Alexandri Magni VIII. X, S. 12 ff.

reifen die Früchte tatsächlich zur selben Zeit, die Gletscher reichen bis in die oberen Talspalten hinab; im Sommer werden große Eisblöcke herausgeschlagen und ins Tal gebracht.

Die Kalasch, die Nachfahren der Nysäer

Die Chitralis werden schon von den Briten als friedliebendes Volk beschrieben, im Gegensatz zu der sie seit dem 16. Jahrhundert beherrschenden Kriegeraristokratie, die mit der Kator-Dynastie ins Land kam. Wer heute in der langen Basarstraße des Hauptortes Chitral einen eher wildblickenden, bärtigen Gesellen mit Patronengurt und einer Kalaschnikow sieht, hat einen Afghanen, keinen Chitrali vor sich. Neben ihrer Hauptsprache, dem Kho, haben sich in den einzelnen Tälern andere iranische und indoarische Sprachen aus ältester Zeit erhalten, so bei den Kalasch, zu deren Dörfern wir unterwegs sind. Einstmals wohnten sie hier im Kunartal, bis die neuen islamischen Eroberer sie in abgelegene Seitentäler abdrängten. Bevor wir abbiegen, halten wir noch einmal und blicken zurück nach Norden, wo jetzt vor dem blauen Himmel der 7600 Meter hohe Tiric Mir sein gewaltiges eis- und schneebedecktes Haupt erhebt (Abb. 25).

In »Mir« steckt der Name »Meru«, der Name des Weltenberges der altindischen Mythologie, den der Alexander-Chronist in griechischer Sprache mit »Meros« wiedergegeben hat. Es ist der Berg, an dessen Fuße Nysa lag.

Wir biegen auf einem kleinen Seitenweg nach Westen ab, durchfahren einen schmalen Durchgang zwischen zwei steilen Felshängen, der vom Haupttal aus nicht sichtbar ist, und gelangen in ein schmales, wildzerklüftetes Flußtal. Unser Weg, knapp so breit wie die Spurbreite unserer Jeeps, führt teils am Wasser, teils in schwindelnder Höhe am senkrecht abfallenden Hang entlang, überquert eine schmale Brücke, deren Geländer nicht mehr vorhanden ist, und erreicht den Punkt, an dem sich die Schlucht in zwei Seitentäler gabelt. Hier unterhält die pakistanische Regierung seit 1990 ein Kontroll- und Kassenhäuschen, ganz so, als ob man einen Naturzoo besichtigen wolle. Für den strenggläubigen Moslem sind die Kalasch, die in diesen zwei Seitentälern dicht unterhalb des Hindukuschkammes leben, tatsächlich Menschen der untersten Kategorie. Judentum und Christentum werden auch vom strenggläubigen Moslem als monotheistische Buchreligionen akzeptiert, die Kalasch aber, die ihren aus frühvedischer Zeit stammenden animistischen Glauben an Götter, Dämonen und Feen in feindlich islamischer Umwelt zu verteidigen und zu bewahren vermochten, sind verächtliche Ungläubige, Kafiren. Die Kafiren auf der anderen Seite des Kammes in Afghanistan wurden im 19. Jahrhundert bereits gewaltsam bekehrt. Aus ihrem Land Kafiristan, dem Land der Ungläubigen, wurde längst Nuristan, das Land des (göttlichen) Lichtes. Nur die Kalasch in Chitral, ein kleines Volk von nur noch 2000 Menschen, sind Kafiren geblieben. Gewaltsam hat die Kator-Dynastie offensichtlich nie versucht, die Kalasch zu bekehren. Aber sie hat Kopfsteuer von ihnen eingezogen, eine Rechtspraxis, die Mohammed bereits für alle religiösen Minderheiten festlegte, die nicht zum wahren Glauben übertreten wollten.

Haider Ali Shah aus dem Clan der Katorfamilie unterhält gute Beziehungen zu den Kalasch. Gemeinsame geschäftliche Interessen machen die gegenseitige Toleranz unerläßlich. Das Geschäft ist der Tourismus, eine notwendige Geldquelle für die Kalasch, denn die Männer finden außerhalb ihrer Täler als Kafiren so gut wie keine Arbeit, und so ist es kein Wunder, wenn die Jungen durch den Übertritt zum Islam ihre Lebenschancen verbessern wollen. Wichtig ist die Publizität, die diese religiöse Minderheit durch den Tourismus auch im Ausland gewinnen könnte. Durch mehr Öffentlichkeit werden wirtschaftliche und politische Maßnahmen zur Benachteiligung oder gar Unterdrückung der Kalasch seitens der pakistanischen Regierung erschwert. Mochten aus ethnologischer Sicht diese Einflüsse auch zum Verlust der »Unschuld« geführt haben, so besteht darin doch eine Chance, sich gegen die islamische Umwelt als Volk der Gegenwart auch in die Zukunft hinüberzuretten.

Durch Haider Ali Shah habe ich vor Jahren Saifullah kennengelernt, den »Public-Relations-Manager« der Kalaschdörfer, den ich als erstes aufsuchen möchte. Nachdem wir den bescheidenen Wegzoll am Kontrollhäuschen bezahlt haben, schlagen wir die Richtung ins nördliche der zwei Täler ein, nach Rampoor, dem Heimatdorf Saifullahs. Die Ränder des äußerst schmalen Weges sind durch die schweren Regengüsse ausgeschwemmt. Dann kommt die Endstation für unsere Jeeps: Ein Erdrutsch hat den halben Hang ins Bachbett hinabgerissen. Wir laden das Gepäck in den vorderen Jeep um, der zweite wird nach Chitral zurückgeschickt. Der Fahrer des anderen Wagens muß hier unsere Rückkehr erwarten. Es sind nur noch rund drei Kilometer nach Rampoor, die wir zu Fuß zurücklegen müssen. Nach der Schüttelei im Jeep tut das Laufen bzw. Klettern bei angenehmer Sommertemperatur gut.

Das Tal weitet sich allmählich, rechts und links des Baches liegen die Mais- und Getreidefelder der Kalasch, die in erster Linie jedoch Weidewirtschaft betreiben.

Die meisten der jungen Männer befinden sich mit den Ziegenherden auf den Sommerweiden höher im Gebirge. Almabtrieb ist Ende September. Wir erreichen das Dorf: Rechts und links am Hang ziehen sich übereinander gestaffelt die aus Holzbalken und Bruchsteinen gefügten Häuser hinauf, daneben stehen kleine hölzerne Vorratshäuschen. Die Ziegenställe befinden sich etwas abgelegen von den Wohnhäusern, da Frauen aus rituellen Gründen die Ställe nicht betreten dürfen.

Ich bitte, Saifullah von unserer Ankunft zu unterrichten, derweil wir auf dem luftigen Balkon des dörflichen Gästehauses Tee trinken. Auf dem Dach gegenüber unterhalten sich drei Kalaschfrauen (Abb. 27), sie tragen weite dunkle Gewänder und leuchtend bunten, aus Kaurimuscheln und Korallen gefertigten Kopf- und Halsschmuck. Mit offenem, freundlichem Blick begrüßen sie auch Henner und Karsten, ein überraschender und erfreulicher Anblick für einen Europäer in einem sonst streng islamischen Land. Eine junge Frau tritt an unseren Tisch und fragt mich in vorzüglichem Englisch, woher wir kommen und warum wir hier sind. Ich bin völlig verdutzt, denn aus der Kalaschtracht blickt mich eine waschechte Japanerin an. Da kommt aber schon Saifullah; wir begrüßen uns herzlich, und ich bitte ihn, uns als Dolmetscher nach Biri, dem weiter südlich gelegenen dritten Dorf, zu begleiten. Mit ihm zusammen fahren wir mit dem Dorfjeep zur Stelle des Erdrutsches, um jenseits davon unseren eigenen Wagen zu besteigen. Unterwegs versuche ich, von Saifullah etwas über die japanische Kalaschfrau zu erfahren. Sie sei seit einem Jahr mit einem Rampoori verheiratet, doch mehr möchte Saifullah dazu offensichtlich nicht erzählen. Saifullah ist groß, blond und blauäugig wie nicht wenige Kalasch, die von sich behaupten, Nachkommen von Alexanders Soldaten zu sein. Diese Geschichte erzählten auch die Kafiren Afghanistans früher europäischen Reisenden. Sie besagt, daß Alexander, Sikander, wie er hier genannt wird, als mythischer Held im Gedächtnis der Hindukuschvölker überlebt hat. Gelehrte, die die uralte Religion der Kalasch untersucht haben, fanden so tiefe Gedanken und Glaubensvorstellungen, daß es verständlich erscheint, warum frühere Reisende die Geschichte von der Abstammung von den griechischen und makedonischen Soldaten Alexanders für möglich hielten. Viel wahrscheinlicher aber ist es, daß die Kalasch von Chitral die Nachfahren der Bewohner von Nysa am Fuße des Berges Meros sind.

Wir haben inzwischen wieder das Tal des Kunar erreicht. Nach einer Stunde Fahrt Richtung Süden biegen wir erneut nach Westen ab ins Tal von Biri, eine waldreiche Gegend. Rechts am anderen Bachufer tauchen die ersten typischen Hanghäuser auf, links des Weges befindet sich zwischen Bäumen der Friedhof des Dorfes, eine Ansammlung einfacher, schlichter Holzkisten, über der Erde aufgestellt, die Deckel mit Steinen beschwert. Ein Sarkophag ist offen, gebleichte Gebeine darin.

Ein Chronist des Alexanderzuges erzählt:

»Alexander erreichte mit seinem Heere Nysa. Er befahl, nicht weit vor der Stadt das Lager aufzuschlagen an einem waldreichen Ort. Es war ein bitterkalter Abend, die Soldaten froren; so wurde Holz herbeigeschleppt, Bäume gefällt, um sich an Feuern zu erwärmen. Dabei aber gerieten die aus altem Zedernholz gefertigten Grabstätten der Nysäer in Brand.«[1])

Ihre Sitte, die Toten in oberirdisch aufgestellten Holzsärgen zu bestatten, haben die Kalasch also seit Alexanders Zeit bis in die Gegenwart beibehalten. Erst in den letzten Jahren gehen sie dazu über, die Verstorbenen zu beerdigen, da Grabschändungen durch Moslems sie dazu zwingen. Ebenso erregten die auf dem Friedhof aufgestellten Holzfiguren den Abscheu des bilderfeindlichen Islam. Viele von ihnen wurden zerstört, einige konnten jedoch schon vor Jahrzehnten in das Museum von Peshawar gerettet werden.

Im Wald oberhalb des Dorfes, auf dem Gelände eines ehemaligen Friedhofes, lehnt an einer senkrechten Felswand eine einzelne lebensgroße Figur maskenhaft starr und unwirklich im mystischen Dämmerlicht der Bäume, Relikt aus längst vergangener Zeit, hölzerne Behausung der Seele eines verstorbenen Stammesmitgliedes, das sich einst im Leben besonders verdient gemacht hatte. Die hölzerne Figur als Abbild der Individualseele des Toten ermöglichte ihm, in der Erinnerung des Stammes und der Familie – gemäß seinem im Leben erworbenen sozialen Rang – zu überleben. Sie wurde jährlich mit rituellen Festlichkeiten geehrt. Stehende und sitzende Figuren, Männer und Frauen, fanden sich neben besonders hervorgehobenen Verstorbenen, die auf einem oder sogar zwei Pferden reiten. Die im Totenritual der Kalasch zum Ausdruck

1) Frei zitiert nach Curtius Rufus, Historia Alexandri Magni, VIII. X, S. 7ff.

kommende Seelenvorstellung hat ihren weit zurückliegenden Ursprung im religiösen Gedankengut der iranischen Völker Mittelasiens, die im Laufe der ersten zwei Jahrtausende v. Chr. bis nach Chitral eingewandert waren. Totenbilder zierten vielleicht schon zu Alexanders Zeit den Friedhof der Nysäer.

Es wird dämmrig. Wir nehmen Unterkunft im neuen Gästehaus, das ein zum Islam bekehrter Kalasch neben dem alten Gästehaus errichtet hat, und das nun wenigstens eine Toilette und Waschgelegenheit besitzt.

Eine etwas seltsame Gesellschaft findet sich am Abend zusammen: Karsten und Henner, mein Kamerateam, John, ein Engländer, der sich mit der Hausarchitektur der Kalasch beschäftigt, und Barbara, eine zum Buddhismus übergetretene Schweizerin mit neuem buddhistischem Namen Tara. Jussuf, unser Fahrer, sitzt ebenfalls dabei. Die Unterhaltung ist äußerst angeregt; der einjährige Wein, den Saifullah uns besorgt hat, schmeckt wie unser Federweißer. Man kann sich an seinen leicht säuerlichen Geschmack gewöhnen. Karsten greift unter den Tisch nach der Reserveflasche: Sie ist leer! Wir blicken alle auf Jussuf, den keiner im Eifer des Gesprächs beachtet hat. Er ist bereits jenseits von Gut und Böse. Heimlich hat er sich unter dem Tisch nachgeschenkt. Eine Literflasche Wein, für einen sunnitischen Moslem eine reife Leistung; Karsten und Henner bringen ihn ins Bett. Ich erinnere mich meines letzten Besuches in Rampoor in Begleitung eines Ismaeliten aus der Sekte des Agha Khan, der bei den Kalasch nicht einmal ein Glas Wasser anrührte, da sie Unreines äßen, und er ihren Geruch nicht ertragen könne. Der Sunnite Jussuf hat offensichtlich nicht einmal Hemmungen, ihren Wein zu trinken.

Dionysos in Indien

Die Weinzubereitung hat bei den Kalasch uralte Tradition, denn als die Bewohner von Nysa – offensichtlich friedlicherer Natur als die anderen Bergstämme des Hindukusch – von Alexanders Heer belagert werden, schicken sie eine Friedensabordnung zum Makedonenkönig, die sinngemäß Folgendes erzählt:

»Dionysos, euer Gott, hat unsere Stadt gegründet, als er, von seinem Zug nach Indien zurückkehrend, hier rastete. Abkömmlinge seines Gefolges und seiner Soldaten sind wir, die er hier ansiedelte. Unserer Stadt gab er den Namen Nysa, das Land nannte er Nysäa.

Aus diesem Grunde bitten wir dich, uns in Frieden und Freiheit zu belassen.«[1])

Alexander – heißt es – entsprach der Bitte der Nysäer.

Dionysos, der Gott des Weines, der in Makedonien und beim dortigen Königshaus besondere Verehrung genoß, kam nach der griechischen Mythologie aus Asien, wo er seine Jugend an einem Ort namens Nysa verbracht hatte. Von Asien war er einst über das Ägäische Meer nach Griechenland gesegelt, um seinen Kult und auch den Wein dort einzuführen. Eine herrliche Schale des griechischen Vasenmalers Exekias aus dem 6. Jahrhundert v. Chr. (Abb. 29) zeigt den Gott auf seinem Schiff ruhend, ein Trinkhorn in seiner Hand. Um den Mast rankt sich ein Weinstock. Bei den Kalasch, den Nachfahren der Nysäer, ranken sich die Reben die Bäume empor.

Jedes Jahr nach Abschluß der Ernte und zu Beginn der Weinlese feiern sie ein Fest, dessen Beginn jeweils nach ihrem eigenen Sonnenkalender festgelegt wird. Saifullah konnte oder wollte mir nicht erklären, welche astronomischen Berechnungen hierzu angestellt werden. Das ungefähre Datum ist Ende August bis Anfang September; deshalb bin ich zu dieser Zeit hierher gekommen. Aber nun scheint es, als ob der Termin sich noch um einige Tage verzögern könne.

Was soll ich machen? Meine Drehzeiten sind durch die knapp bemessene Produktionskasse festgelegt. Das Kamerateam kostet seinen Tagessatz, ob gefilmt wird oder nicht. Es bleibt mir nichts anderes übrig, als mit Hilfe von Saifullah eine der Kalaschfamilien zu bitten, uns die Prozedur der Weinzubereitung schon morgen zu zeigen. Die Dorfbewohner sind bereit, am nächsten Abend einige Tänze vorzuführen. Junge Männer klettern am Morgen in die Bäume, um Trauben zu pflücken, während ein länglicher Holzbottich in der Nähe aufgestellt wird, in dem die Trauben dann mit den Füßen gekeltert werden (Abb. 28). Während dieses Vorganges muß ich mich in einiger Entfernung aufhalten, da Frauen bei der Weinzubereitung aus rituellen Gründen nicht anwesend sein dürfen.

Zur Zeit des Festes wird vor dem Keltern der Trauben ein Ziegenopfer dargebracht, was bei unserer leider vorweggenommenen Filmaktion natürlich unterbleiben muß. Der Traubensaft fließt aus dem Bottich in einen Metallkrug. Der Wein gärt in Krügen oder

1) Frei zitiert nach Arrian, Anabasis V. I.

großen, mit Lehm sorgfältig ausgeschmierten Erdgruben etwa sechs bis acht Wochen lang und wird Anfang Dezember bei einem großen Fest getrunken.

Die Kultivierung des Weines und seine rituelle Verwendung hat auch bei anderen Völkern des Hindukusch und des Karakorum Tradition. Die Ismaeliten, die Gefolgschaft des Agha Khan ganz im Norden Chitrals, sind die einzigen Moslems, denen das Weintrinken nicht untersagt ist. Der in den letzten Jahren durch Zuwanderer von Süden eindringende Fanatismus sunnitischer Moslems drängt die bei den Ismaeliten rituell bedingte Weinkultivierung leider in die Illegalität.

Nach dem Weinkeltern statten wir einem der Dorfältesten von Biri einen Besuch in seinem Hause ab. Er bestätigt mir im Gespräch noch einmal die Überlieferung seines Volkes von der Abstammung von den Soldaten Alexanders des Großen.

Dieser hatte die Geschichte der Nysäer von ihrer Abstammung von Dionysos freundlich aufgenommen, ja sogar gleich im Heere verbreiten lassen, obwohl doch von einem Indienzug dieses Gottes zuvor noch kein Grieche gehört hatte. Wie es sich zutrug, daß die Nysäer Alexander eine solche Geschichte erzählten, bleibt für uns im Dunkeln. Oder waren es nur Namensübereinstimmungen, wie Nysa und die Weinkultivierung, die die Verbindung zu Dionysos herstellten? Auch der Name des Berges, »Meru«, in griechischer Übertragung »Meros«, wies auf den Gott. Meros im Griechischen heißt »Schenkel«. Zeus hatte Dionysos mit Semele, Königstochter aus Theben, gezeugt. Die Gemahlin des Zeus, Hera, zürnte und brachte Semele dazu, von Zeus zu fordern, er möge ihr in seinem göttlichen Glanze mit Blitz und Donner erscheinen. Von den Flammen seines Blitzes erfaßt, gebar Semele sterbend den Dionysos, den Zeus in seinen Schenkel, »Meros«, einnähte und dort austrug. Nach seiner zweiten Geburt übergab Zeus das Kind dem Götterboten Hermes, der es nach Nysa in Asien brachte, wo es von den Nymphen großgezogen wurde, bis Dionysos über das Ägäische Meer nach Griechenland zurückkehrte.

Wie immer es sich mit der Erzählung der Nysäer verhalten haben mag, Alexander nutzte sie als Heerespropaganda. Hinfort zog man auf den Spuren des Gottes weiter. Vorerst aber gönnte der Makedonenkönig seiner Armee nach Wochen des Kampfes eine Ruhepause. Bekränzt mit Efeu und Weinlaub zog er mit seinem Heer zum Berge Meros und feierte Dionysos, berauscht von Wein, Musik und Tanz. Berge und Täler – so berichtet der antike Chronist – hallten wider von den Stimmen Tausender, die den Gott anriefen.

Bei schon tiefstehender Sonne auf einer Wiese am Fluß, vor der grandiosen Bergkulisse des Hindukusch, ertönen für uns die Gesänge der Kalasch, eher eintönig klagend und doch melodisch, während Trommeln die Tanzenden begleiten.

Das Problem der Logistik

Nach der friedlichen Unterwerfung der Nysäer im Land Chitral und damit der Sicherung der nördlichen Paßübergänge, zieht Alexander den Kunarfluß entlang nach Süden.

Wir aber wenden uns am folgenden Morgen nordwärts dem Ort Chitral zu, wo, etwa 20 Kilometer außerhalb am Flußufer, pünktlich um 15.00 Uhr, eine Polomannschaft auf uns wartet.

Um filmisch eine Verbindung zwischen den einzelnen Etappen Alexanders herzustellen, hätten wir – so Karstens und Henners Vorschlag – unsere zeitweise recht abenteuerliche Jeepfahrt durch die Hindukuschberge aufnehmen können. Mir aber widerstrebt es, unsere Abenteuer mit denen eines Alexander zu vermischen. So lasse ich lieber symbolisch für Alexander und seine Kavallerie die Chitralis zu Pferde vor der Kamera posieren. Die Polopferde sind außerordentlich temperamentvoll und ein geordnetes Gehen hintereinander nicht gewöhnt. Nicht zu Disziplin und Gehorsam für einen Kriegszug und für den Kampf sind sie gezogen wie Alexanders Pferde, die noch ohne Sattel und Steigbügel geritten wurden, sondern ausschließlich zum Polospiel, dem Lieblingssport dieser Bergvölker, von denen es die Engländer übernommen haben.

Strahlende Sonne weckt uns, wir freuen uns auf den Flug über die Berge nach Peshawar und checken um 10.00 Uhr ein. Dann die Durchsage: Flug gestrichen, Wolkenbildung im Süden Chitrals. Da nützt kein langes Fluchen! Unser Jeep steht noch draußen. Fährt er uns nach Peshawar? Nein, aber wenigstens bis Dir. Auch gut. Zum fünften Male über den Lowaripaß! In Dir wechseln wir den Wagen, und um 23.00 Uhr erreichen wir Peshawar: 300 Kilometer in knapp elf Stunden!

Peshawar ist die Hauptstadt der »North-West Frontier«, wie diese Provinz Pakistans schon zur britischen Zeit hieß. In den achtziger Jahren erschien Peshawar immer wieder in den Nachrichten als

Hauptquartier der Mudjaheddin während des russisch-afghanischen Krieges. Sie ist es geblieben, auch im Widerstandskampf gegen das Nadjibullah-Regime. Endlose Flüchtlingslager erstrecken sich vor der Stadt in Richtung Khaiberpaß. Peshawar ist umgeben von den autonomen Gebieten der Stämme, die nicht dem Parlament in Islamabad, sondern den Maliks, den Oberhäuptern der Clans, unterstehen.

Wir fahren mit Genehmigung des Presseministeriums von Peshawar in Richtung afghanische Grenze. Die Khaiberpaßstraße ist Regierungsterritorium, wollten wir jedoch in die Grenzgebiete nördlich oder südlich davon, könnten wir dies nur mit Genehmigung der Stämme.

Wir passieren das berühmte, von den Briten erbaute Khaiber-Tor und erreichen das Ende der Ebene von Peshawar. Nun windet sich die Straße durchs Gebirge zur Grenze. Wie schon in der Ebene sind die Einzelgehöfte und die Häuser der Siedlungen von hohen, mit Türmen bewehrten Mauern umzogen, Verteidigungsmauern und Sichtschutz zugleich. Das Private, das Leben der Familie, insbesondere der Frauen, wird gegen die Umwelt abgeschirmt. Hier wie jenseits der Grenze in Afghanistan sind die Frauen tief verschleiert, auch ihre Augen sind hinter dem Tuch verborgen. Wir nehmen mit dem Teleobjektiv eines der Dörfer auf. Obwohl 100 Meter entfernt, schwitzt unser Regierungsbegleiter vor Angst Blut und Wasser: Einige vermummte weibliche Gestalten sind zu sehen, und die auf sie gerichtete Kamera könnte den Zorn der Männer erregen, für unseren Begleiter eine Schreckensvorstellung. Wir erreichen die letzte Anhöhe vor der Grenze, die hier durch ein schmales Tal verläuft, mitten durch eine Ansiedlung, eine Staats-, keine Stammesgrenze, denn hüben wie drüben wohnen Pashtunen.

Wie auch weiter südlich im Siedlungsgebiet der Balutschen, haben wir es mit einer zur Zeit der Briten auf dem Papier festgelegten Grenzlinie zu tun, die auf Stammeszugehörigkeiten keine Rücksicht nimmt. Sie wird von den Stämmen auf Nebenwegen und Bergpässen ständig überschritten, ein Problem, das beide Staaten bisher noch nicht lösen konnten. Sonst aber herrscht auf dieser einst so belebten Khaiberpaßstraße seit über einem Jahrzehnt kein Transitverkehr mehr von den Ländern des Mittelmeeres bis hinein nach Indien, auf der auch so viele junge Europäer und Amerikaner nach Osten zogen auf der Suche nach einem neuen Heil, das sie im Rauschgift oder bei einem indischen Guru zu finden hofften. Schon in vorgeschichtlichen Zeiten, verstärkt aber nach dem Zuge Alexanders, zogen hier die großen Handelskarawanen in beide Richtungen, drangen fremde Erobererheere von hier nach Indien vor. Nach den Achämeniden kamen die Makedonen und Griechen, nach ihnen die iranischen Völker Mittelasiens, die Parther, Skythen, Kuschan und Sassaniden, dann die Araber und mit ihnen der Islam, später Türken und Mongolen. Alle aber hatten das Bestreben, das Tor zum indischen Subkontinent offenzuhalten. Indien und Pakistan sind heute aufgrund ihrer Luft- und vor allen Dingen Seeverbindungen unabhängig vom Landweg. Afghanistan dagegen, durch den nicht enden wollenden Bürgerkrieg ohnehin schon wirtschaftlich ruiniert, wird durch die Unterbrechung des Transitverkehrs um so stärker getroffen. Über der Asphaltstraße ist hin und wieder noch die alte Erdtrasse zu sehen, auf der sich vor zweieinhalb Jahrtausenden der lange Wurm der makedonischen Hauptarmee fortbewegte, während Alexander mit einem kleineren Teil des Heeres ins Land der Aspasier und Nysäer gezogen war. Vorneweg marschierte die Infanterie, die auf dem Marsch das Tempo bestimmte, dahinter die Kavallerie und dann der Troß aus Dienern, Lasttieren und den mitziehenden Händlern, zuletzt der Zug der vielen Frauen und Kinder.

Die uns aus der Antike erhaltenen Berichte über den Alexanderzug erzählen in der Hauptsache von den kriegerischen Ereignissen, den Schlachten Alexanders; Ortsangaben ermöglichen es uns, den Weg des Heeres ungefähr zu verfolgen. Wir hören von des Königs genialer Kriegsstrategie und Kampftaktik, aber nichts über einen dritten, ganz entscheidenden Punkt, der die Voraussetzung für eine erfolgreiche Kriegsführung ist und war: die Logistik, das heißt in diesem Falle Alexanders Lösung der materiellen Versorgung der Armee. Von der Möglichkeit der ausreichenden Verproviantierung von Menschen und Tieren hing die strategische Planung ab. Dazu gehörte die Einholung von Informationen über die Ausdehnung des kultivierten Landes auf den in Frage kommenden Marschrouten, die Zeit der Ernte, die eventuell abzuwarten war, Kenntnisse über Wasservorkommen, Schneeverhältnisse, die Beschwerlichkeit von Wegen und damit die Marschdauer. Die Logistikprobleme muß Alexander genial gelöst haben, anders ist die Schlagkraft seiner Soldaten noch nach acht Jahren Kriegszug nicht zu erklären. Grundvoraussetzung hierfür war die Heeresreform Philipps, die Alexander ausgebaut hatte. Im Gegensatz zu den anderen zeitgenössischen Armeen waren die makedonischen Soldaten darauf gedrillt, ihre volle Rüstung und Bewaffnung auf dem Marsch selbst zu tragen, dazu einen Teil ihrer Tagesration und kleinere persönliche

Gebrauchsgegenstände. Auf je zehn Infanteristen kam ein Träger mit Getreidemühle und anderen Gebrauchsutensilien, desgleichen ein Träger pro Kavallerist. Das Verhältnis von Infanterie zu Kavallerie war zahlenmäßig ungefähr 6:1, das heißt auf ungefähr jeden fünften Krieger kam nur ein Träger. Der Wendigkeit und Schnelligkeit wegen wurde weitgehend auf Wagen verzichtet. Als Lasttiere dienten Pferde, Maultiere und seit der Schlacht bei Issos auch Kamele. Sie bewältigten, was für Menschen schwer zu tragen war, nämlich im Durchschnitt pro Lasttier circa 115 Kilogramm: Mannschaftszelte, Werkzeug zum Straßenbau und zur Reparatur von Waffen und Belagerungsmaschinen, Pfeilkatapulte und Steinwurfmaschinen, in baumlosen Gegenden Palisaden für die Umzäunung des Lagers, Feuerholz und vor allem natürlich Futter, Nahrungsmittel und Wasser für Menschen und Tiere.

Bis zur Eroberung Irans waren Frauen im Gefolge der Armee verboten. Erst danach ließ Alexander zu, daß seine Soldaten sich mit einheimischen Frauen, vor allem Iranerinnen, zusammentaten, um das Heimweh nicht überhand nehmen zu lassen.

Über die exakten Heereszahlen gehen die antiken Berichte auseinander. Wir nehmen hier am Khaiberpaß für die Hauptarmee plus Troß – ohne Alexanders Heeresabteilung in den Hindukuschbergen – hypothetisch 48 000 Krieger und 6100 Kavalleriepferde an; auf je drei Kombattanten müssen wir mindestens eine Gefolgsperson hinzurechnen, so daß wir insgesamt auf eine Personalstärke von rund 65 000 Menschen kommen. Für das nicht von Trägern transportierbare schwere Gepäck nehmen wir auf 50 Personen nur ein Lasttier an, also insgesamt mindestens 1300 Lasttiere, jedes mit einer Tragekapazität von rund 115 Kilogramm.

Die Tagesration für einen Mann – so haben die Erfahrungen der Amerikaner im Bürgerkrieg und der britischen Armee des 19. Jahrhunderts ergeben – mußte mindestens Getreide für drei Pfund Brot, ungefähr 3085 Kalorien und zweieinhalb Liter Wasser enthalten. Pro Tier sind fünf Kilogramm Stroh oder Spreu, fünf Kilogramm Getreide und circa 35 Liter Wasser zu berechnen. Bei der Anstrengung von acht Stunden Marsch mit Gepäck, von den Kampfhandlungen ganz abgesehen, war eine Herabsetzung dieser Rationen allenfalls für ein oder zwei Tage möglich. Alles zusammengenommen schleppte das Heer also nur für Verpflegung in wasserlosen Gebieten pro Tag ein Gewicht von rund 950 Tonnen mit sich, wozu noch einmal zusätzlich 8400 Tiere nötig waren.

Insgesamt bestand der Heereswurm damit aus 15 800 Tieren und

65 000 Menschen. Nehmen wir an, daß die damalige Wegtrasse durch die Berge, die schon zur Zeit der Perserkönige eine ausgebaute Heeresstraße war, eine Breite von maximal drei Metern besaß, so konnten je fünf Personen und zwei Tiere nebeneinander laufen. Bei 4 Meter Raum pro Personenreihe und 1,30 Meter Raum pro Tierreihe ergibt dies eine Schlange von insgesamt rund 45 Kilometern. Die maximale Tagesrate von Alexanders Armee betrug aber circa 30 Kilometer; im Durchschnitt wurden 24 Kilometer Marsch zurückgelegt, für die damaligen Verhältnisse eine ungeheure Leistung.

Aus diesen Zahlen ergibt sich, daß vor jeder neuen Marschetappe eine genaue Erkundung der Weg- und Verproviantierungsverhältnisse vorgenommen werden mußte. Waren diese schwierig, marschierte das Heer entweder auf getrennten Straßen oder in zeitlich versetzten Marschetappen. War unterwegs für die Lasttiere Heu und Stroh zu beschaffen und durch Bäche und Flüsse Wasser für Menschen und Tiere vorhanden, reduzierte sich das mitzuführende Gewicht auf die Getreidemenge. Es waren dann nur 1120 Tiere zum Provianttragen nötig, und die Schlange verkürzte sich auf circa 32 Kilometer. Wenn wir diesen günstigsten aller Fälle für den Khaiberpaß annehmen, so konnte die Strecke trotzdem nur in zwei gesonderten Heeresabteilungen in je eineinhalb Tagen bewältigt werden. Anders sah es dann in der Ebene von Peshawar aus, wo in breiter Front geritten und marschiert werden konnte.

Die antike Straße führte über den Kabulfluß nördlich an einer Stadt namens Peukelaotis vorbei, die belagert und erobert werden mußte. Von hier aus erreichte die Armee ungehindert den Indus bei Ohind, wo bis zum Eintreffen Alexanders und seiner Heeresabteilung eine Schiffsbrücke über den Fluß gebaut werden sollte.

Wir aber kehren in nur einer Stunde mit dem Wagen von der Grenze nach Peshawar zurück, um mit Unterstützung des Museumsdirektors bis in die späte Nacht hinein unsere Filmaufnahmen im dortigen Museum zu machen. Der Bau stammt noch aus der britischen Kolonialzeit und enthält neben Volkskunst und Funden aus vorchristlicher Zeit eine der reichhaltigsten Sammlungen aus Gandhara. Gandhara, der Name der Landschaft zwischen Kabul und dem Indus zur Zeit des persischen Großreiches, gab auch der um die Zeitwende entstehenden buddhistischen Kunst ihren Namen, der Gandhara-Kunst.

Wir begeben uns mit dem Auto am nächsten Tag wieder nach Norden, verlassen über den Paß von Malakand die Ebene von

Peshawar und erreichen das überaus fruchtbare Tal des Swatflusses, des Soastos der Alexanderzeit. Sein Wasser ermöglicht über ein Kanalsystem nicht nur Getreide- und Gemüse-, sondern in großem Stil auch Reisanbau. Von Nysa her war Alexander hierher gezogen. Nachdem er den Pandjkora, den antiken Gouraios, überquert hatte, fiel er im Swat über die Assakener her.

Pakistanische und italienische Archäologen aus Rom haben in diesem Tal eine dichte Besiedlung seit dem 2. Jahrtausend v. Chr. nachgewiesen. Zwei der Städte am Fluß, die Alexander belagerte und eroberte, Ora und Bazira, konnten mit den modernen Orten Udegram und Barikot identifiziert werden. Die Überreste großer Mauern umzingeln noch heute das Plateau des Burgberges von Barikot, auf dem sich die Assakener der Stadt und des Umlandes vor dem anrückenden Makedonenheer verschanzt hatten. Die Befestigungen waren gut genug, um einen Angriff anderer Stämme der Region abzuwehren, aber sie schützten nicht hinreichend gegen das technisch modernste Heer der damaligen Welt.

Alexander verfügte über Belagerungsmaschinen, wie man sie in Iran und Indien noch nie gesehen hatte: Pfeilkatapulte, mit denen die Verteidiger auf den Mauern aus großer Entfernung beschossen wurden, ohne die Angreifer selbst erreichen zu können, und Wurfmaschinen, die ihre schweren Steingeschosse über die Mauer schleudern konnten oder Breschen in diese schlugen. Obendrein ließ Alexander an Ort und Stelle aus Holz riesige Belagerungstürme errichten, wie sie griechische Ingenieure zuerst auf Sizilien unter der Herrschaft des Tyrannen Dionysios von Syrakus im 4. Jahrhundert v. Chr. entwickelt hatten. Die Türme erreichten die Höhe der Mauerkrone und wurden an diese herangeschoben. Die Bogenschützen und Krieger auf den übereinanderliegenden Plattformen erstürmten dann mit Hilfe von Sturmleitern die Mauern. Die Assakener auf ihrer Burg sahen ein, daß sie Alexander nicht würden standhalten können und boten Übergabe an. Des Nachts aber flohen sie alle aus dem Tal unter den Schutz eines Felsen, des Aornos, der so steil war, daß – so die sinngemäße Übersetzung – nicht einmal Vögel hinaufzugelangen vermochten.

Alexander ließ eine Garnison Makedonen in Bazira zurück mit der Aufgabe, die Stadtmauer neu nach modernsten wehrtechnischen Kriterien zu errichten, das heißt aus Quadersteinen gefügt mit rechteckig vorspringenden Türmen und einem Graben. Überreste einer solchen Mauer fanden die italienischen Archäologen hier; die Suche nach weiteren Spuren der Alexanderzeit wird fortgesetzt.

Auf dem Niveau der griechischen Befestigungsanlage fanden sich Tonscherben zweier Gefäße mit griechischen Buchstaben. Eine davon trägt den typisch makedonischen Namen Amynthas. Mit ungelenken Buchstaben eingeritzt, hat Amynthas, der von Alexander hier stationiert worden war, damit eines der Gefäße, wohl eine Trinkschale, als sein Eigentum gekennzeichnet. Die Scherben wurden schon vor einigen Jahren gefunden und in das Museum von Saidu Sharif gebracht, der Provinzhauptstadt des Swatgebietes. Dr. Nazir Ahmed Khan, der Museumsdirektor, sucht sie uns für die Filmaufnahmen aus dem Scherbendepot heraus. Seine Meinung über den Weg, den die makedonische Armee im Hindukusch nahm, stimmt nicht in allen Punkten mit der meinen überein. Für unser Filmprojekt gewährt er uns jedoch jede erdenkliche Hilfe. Er führt uns zu einer Stelle am Swatfluß, wo dieser sehr tief und reißend ist, nicht weit von einem kleinen Staudamm und Elektrizitätswerk. Die hier beschäftigten Männer nutzen zur Überquerung des Flusses eine uralte Methode, wie sie auch Alexander anwandte: Mit Stroh gefüllte Ziegenhäute dienten dem einzelnen Soldaten zum Hinüberschwimmen, für die Bagage wurden die großen Zelthäute ebenfalls mit Stroh gefüllt, zusammengenäht und mit Hölzern zu Flößen verbunden.

Im Swat werden für ein Floß für vier Mann vier Rinderbälger genommen. Nur ein Mann betätigt die Ruder, eine enorme Kraftanstrengung bei dem rund 40 Meter breiten, sehr schnell fließenden Fluß. Das Floß wird bei allen vier Versuchen von der Strömung stark abgetrieben und landet jeweils mindestens 150 Meter unterhalb der Ausgangsstelle am gegenüberliegenden Ufer (Abb. 31). Nun stelle man sich ein Heer mit Tausenden von Pferden und Zehntausenden von Kriegern vor, um ermessen zu können, wieviel an Geschicklichkeit und Disziplin es bedurfte, alle wohlbehalten hinüberzuschaffen. Auch so mächtige Ströme wie Amur Darja und Syr Parja in den Provinzen Baktrien und Sogdien wurden auf diese Weise überquert.

Die Ziegenhäute gehörten zur ständigen Ausrüstung des Heeres. In trockenen Gegenden dienten sie als Wasserbehälter, und für Alexander und seine Hofgesellschaft wurde Wein darin transportiert.

Im Hoflager Alexanders

Wie sein Vater Philipp war auch Alexander unseren Quellen nach ein ausdauernder Zecher. Aus den überlieferten Ereignissen und Auseinandersetzungen bei den abendlichen Gastmählern der Hofgesellschaft erfahren wir nicht nur einiges über Alexanders politische Maßnahmen und die Reaktion seines Gefolges, sondern auch etwas über die Persönlichkeit des Königs selbst, die für uns so außerordentlich schwer zu fassen ist. Zum einen ist dies auf die fast ausschließlich auf seine militärischen Unternehmungen ausgerichtete Überlieferung zurückzuführen, zum anderen förderte Alexander selbst eine offensichtlich ins Mythische erhobene Darstellung seiner erstaunlichen Leistungen und damit eine Legendenbildung schon zu seinen Lebzeiten, an der sein Hofhistoriograph Kallisthenes, ein Neffe des Aristoteles, eifrig mitwebte. Seine Schilderungen des Eroberungszuges wurden aus propagandistischen Gründen fortlaufend in Griechenland und Makedonien verbreitet.

Während in Baktrien und Sogdien, dem heutigen Afghanistan und der Sowjetrepublik Tadschikistan, der Guerillakrieg mit äußerster Grausamkeit von beiden Seiten geführt wurde, wuchs im Inneren bei den Hetairoi, den makedonischen Gefolgsleuten Alexanders, der Widerstand gegen des Königs Eroberungspolitik. Seine Reichsidee einer Gleichstellung von Siegern und Besiegten, von Makedonen, Griechen und Iranern, war eine unerhörte Vorstellung für das Weltbild der damaligen Zeit. Auch Aristoteles lehrte den Unterschied zwischen Griechen und Barbaren und hatte seinem Schüler Alexander beigebracht, daß nur der Grieche zur Freiheit, der Orientale beziehungsweise der Perser aufgrund seiner Natur aber zum Knecht geboren sei.

Zwar hatte Alexander bereits nach dem Tode des Dareios den aufkommenden Widerstand im eigenen Lager aufs Blutigste zu ersticken versucht. Unterschwellig aber schwelte es weiter am Hof, wenn man offene Kritik auch nicht mehr wagte. Bei einem abendlichen Trinkgelage 328 im Winterlager zu Marakanda, dem heutigen Samarkand, kam es zu einem häßlichen Streit: Kleitos, treuer Gefährte Philipps und dann Alexanders, dessen Lebensretter in der ersten Perserschlacht am Granikos, konnte die lauten Schmeicheleien der griechischen Höflinge auf die Taten des Königs nicht mehr ertragen; unerträglich wurden ihm vor allem auch die frechen Spottgedichte auf ein kleines Heer makedonischer Soldaten, das bis zum letzten Mann gefallen war. Bei Plutarch findet sich eine

Schilderung dieser Szene, die in gekürzter Fassung wiedergegeben wird:

Kleitos: Schlecht ist es im Feindesland unter Barbaren am Platze, wenn Makedonen verlacht werden, die selbst im Unglück noch tapferer sind als ihre griechischen Spötter.

Alexander: Sich selber nur klage an, wer Feigheit als Unglück verteidigt.

Kleitos: Und dieser Feigheit verdankt der Göttersproß seine Rettung, als er dem persischen Schwert schon den Rücken gekehrt hat. Erst durch das Blut der Makedonen, erst durch diese Narben hier wurdest Du, Alexander, was Du nun bist.

Alexander: Du schlechter Kerl, glaubst wohl ungestraft bei jeder Gelegenheit derartige Reden führen zu dürfen zur Aufwiegelung der Makedonen!

Kleitos: Auch jetzt sind wir schon gestraft genug mit dem Ertrag unserer Mühen. Glücklich die Toten, denen der Anblick erspart blieb, wie Makedonen mit medischen Ruten geschlagen werden, wie sie sich an persische Hofbeamte wenden müssen, um Zutritt zu Dir zu erlangen.

Die Anwesenden versuchten den Streit zu schlichten, aber Kleitos wollte sich die Rede nicht verbieten lassen: Der König scheue sich nicht und sage, was ihm beliebe. Doch möge er künftig nicht freie Männer, der freien Rede gewohnt, zu seiner Tafel laden, sondern lieber unter Barbaren und Knechten leben, die seinen persischen Gürtel, sein persisches Kleid mit einem Fußfall begrüßten.

Alexander griff zum Dolch, den man ihm vorsorglich entwendet hatte, den Kleitos führte man widerstrebend hinaus. Jedoch kehrte dieser, betrunken und seiner Sinne nicht mächtig, zurück und vor Alexander tretend, begann er die Verse des Euripides zu zitieren, die auf die Anmaßung siegreicher Herrscher zielen:

O, welch schlimme Sitte herrscht in Griechenland!
Stellt auch das Heer die schönen Siegeszeichen auf,
Schreibt man die Tat nicht denen zu, die doch gekämpft;
Nein, nur der Feldherr trägt den ganzen Ruhm davon;
Der Eine schwang den Speer mit anderen Tausenden,
Tat nirgend mehr, als Einer tut, und erntet doch den größten Teil an Ehren.

Da entriß Alexander, seines Zornes nicht mehr Herr, einem der Wächter den Speer und durchbohrte Kleitos, seinen Lebensretter, den Bruder auch seiner geliebten makedonischen Amme Lanike.

Untröstlich war Alexander selbst über die abscheuliche Tat. Doch um so härter und unnachgiebiger verfolgte er den eingeschlagenen Weg der Gleichstellung der beiden reichstragenden Völker.

Seit jeher galt dem Griechen und Makedonen als äußerstes Zeichen der Knechtschaft des Orientalen die Proskynese, der Fußfall vor dem Großkönig bei der Audienz mit nachfolgendem Kuß, wie sie auch Alexander von seinen iranischen Untertanen zuteil wurde. Für diese war der Fußfall lediglich Zeichen ihrer Verehrung für den König, hatte mit göttlicher Verehrung oder Anbetung nichts zu tun. Ungeheuerlich aber war das Ansinnen Alexanders, diese Art der Huldigung nun auch von seiner makedonischen und griechischen Gefolgschaft fordern zu wollen, beugten diese doch vor den Göttern nur in äußerster Not das Knie, nie aber vor einem Sterblichen.

Kallisthenes, Neffe des Aristoteles und Alexanders Hofhistoriograph, sah in dem König nicht nur den Führer des Rachefeldzuges gegen Persien, sondern in ihm auch den Verfechter der panhellenischen Idee, zu deren Grundfesten die Ablehnung jeglicher Tyrannis und das Bekenntnis zur Freiheit als Recht eines jeden Griechen gehörte. So war Kallisthenes besonders enttäuscht und brachte die Einführung der Proskynese für Griechen und Makedonen zu Fall. Dies geschah bei einem feierlichen Gastmahle. Als die Reihe an Kallisthenes kam, leerte er zwar die Trinkschale, die Alexander ihm bot, als dieser sich aber im Gespräch umwandte, vermied er den Fußfall und trat zum Kusse auf den König zu. Auf einen Ruf hin: »Nicht küß ihn, König, der Dir die Verehrung versagte«, verweigerte Alexander den Kuß. »Dann geh ich eben um einen Kuß ärmer von dannen«, war des Kallisthenes trotzige Antwort. Er sollte es bitter büßen. Als wenig später einige von des Königs Pagen einen Anschlag auf Alexanders Leben planten, wurde Kallisthenes als ihr Haupterzieher mitangeklagt. Die Knaben wurden gesteinigt, den Kallisthenes aber führte er in Ketten mit sich; er sollte nicht als Märtyrer für die »griechische Freiheit« sterben. Er kam einige Monate später durch Krankheit zu Tode oder wurde stillschweigend beseitigt. Auf die Einführung der Proskynese bei Griechen und Makedonen aber verzichtete der König, und es scheint, daß der Adel sich dafür in allem übrigen seinen Plänen fügte; von Widerspruch im Hoflager hören wir jedenfalls nichts mehr, als Alexander durch die östlichen Hindukuschberge und weiter in Richtung Indien zieht.

Wie stand es aber mit der Stimmung unter den Soldaten? Zum Heer gehörten neben griechischen Söldnern auch Hilfstruppen aus den eroberten iranischen Ländern. Der Kern der Armee aber bestand aus Makedonen. Diese waren nicht nur einfach Sold- und Befehlsempfänger, sondern bildeten die makedonische Heeresversammlung, eine Einrichtung, die im alt-indogermanischen Thing ihren Ursprung hatte. Die Heeresversammlung, die aus allen wehrfähigen Männern bestand und daher auch als Volksversammlung bezeichnet werden könnte, besaß vor allem zwei wichtige Funktionen: Zum einen oblag ihr die Wahl des neuen makedonischen Königs, auch wenn er traditionsgemäß aus derselben Dynastie stammte, zum zweiten stand ihr die Urteilssprechung bei Kapitalverbrechen zu, wie zum Beispiel im Falle des Kallisthenes und der Pagenverschwörung. Alexander war also nicht nur im Kampf auf seine Makedonen angewiesen. Daß Alexander sich bei Hof in persischer Tracht kleidete und persische Hofsitten übernahm, mag die einfachen Soldaten weniger gestört haben als den Adel, solange der König sich um ihre Bedürfnisse kümmerte. Auf dem Marsch teilte er alle Mühen und Entbehrungen mit ihnen, ritt in jeder Schlacht an ihrer Spitze und erfüllte sie durch sein Beispiel mit Mut und Siegesgewißheit. Es gab denn auch keine Stelle an Alexanders Körper, die nicht im Laufe der Kriegsjahre eine Verwundung erlitten hätte, und seine Soldaten vertrauten ihm und all seinen Entscheidungen blindlings. Als der König später am Unterlauf des Indus, verletzt durch einen Lungenschuß, mit dem Tod rang, verzweifelte das Heer und gab sich ohne den König verloren.

Und doch scheint es, als ob die Makedonen hier im östlichen Hindukusch allmählich des Kämpfens und Marschierens müde wurden, entfernte man sich doch immer weiter und weiter von der Heimat. Aus diesem Grunde war Alexander vielleicht schon in Nysa bemüht, den »Dionysoszug nach Indien« zum Ansporn seiner Truppen zu nutzen, dem er durch zehntägige Feiern zu Ehren des Gottes Nachdruck verlieh.

Der Aornos, die Fluchtburg der Assakener

Jetzt, nachdem die Gebiete des Hindukusch nach der Eroberung des Swattales und der Stadt Bazira befriedet waren und Alexander sich mit seiner Heeresabteilung am Indus mit der Hauptarmee vereinigt hatte, blieb vor Überschreitung des Flusses nur noch die Erstürmung des Aornos übrig, der Fluchtburg der Assakener. Und auch für dieses gewagte Unternehmen scheint bei den Soldaten neuer Antrieb notwendig gewesen zu sein. Nun wurde Herakles, der Stammvater Alexanders, bemüht: Herakles sei schon hier gewesen und habe vergeblich versucht, den Aornos zu bezwingen, ließ der König verkünden, seinen Soldaten und ihm aber werde das schier Unmögliche gelingen.

Sir Aurel Stein, Wissenschaftler und Entdeckungsreisender des beginnenden 20. Jahrhunderts, war es, der diesen Aornos mit einem Bergmassiv am Oberlauf des Indus verband, dem Unar Sar mit seiner höchsten Spitze, dem Pir Sar, eine Identifizierung, die heute weitgehend anerkannt wird, da kaum ein Wissenschaftler bereit ist, solche topographischen Identifizierungen persönlich zu überprüfen.

Bei einigen Unternehmungen Alexanders, so auch beim Aornos, berichtet unsere Hauptquelle, Alexander sei von seinem »Pothos« ergriffen worden, dies zu tun. Übersetzt wird dieser Begriff mit »Verlangen, Sehnsucht, Streben nach Leistung«. Wenn ich an diesen »Pothos« als Alexanders Beweggrund glauben könnte, hätte ich gegen eine Identifizierung mit dem Pir Sar nichts einzuwenden. Eine solche Erklärung aber paßt nicht zu meinem persönlichen Alexanderbild. Der Mann war kein Hasardeur! Nach sieben mühevollen Kriegsjahren mit einem offensichtlich schon ermüdeten Heer, vor der Überschreitung des Indus ins weithin Unbekannte, vor Augen das vermeintliche Ziel, das Ende der Erde am Weltenozean, setzt Alexander, den wir als äußerst umsichtigen und vorausplanenden Strategen kennengelernt haben, nicht eines undefinierbaren Verlangens wegen das Leben seiner Soldaten aufs Spiel.

Für die Erstürmung des Aornos gab es wichtige Gründe, das heißt, die Lage dieser Fluchtburg muß für Alexander von immenser strategischer Bedeutung gewesen sein. Diese Bedeutung aber hat der Pir Sar nicht, wie ich bei meiner äußerst anstrengenden Begehung des Bergmassivs im Sommer 1986 feststellen konnte.

Ein anderer Berg bietet dagegen alle Voraussetzungen, die mit dem Aornos verbunden werden müssen: der Mt. Ilam, mit seinen 3000 Metern die höchste und südlichste Erhebung des Gebirgszuges zwischen Swat- und Industal. Vom Burgberg von Barikot, der Assakener-Stadt, erblickt man sein mächtiges Massiv, ein wahrer Götterberg, ein Fels, unter dessen Schutz – wie es in unserer Quelle heißt – die Assakener sich geflüchtet hatten (Abb. 32).

Nach der Besteigung des Pir Sar entschließe ich mich, im selben Jahr von Saidu Sharif aus auch auf den Ilam zu klettern. Es war bereits heißer Juni und obendrein Ramadan, islamischer Fastenmonat; das heißt des Tags hungern, des Nachts tüchtig essen.

Als ich morgens um 4.30 Uhr von meinem kleinen Hotel aufbrach, schlief alles noch ermattet vom nächtlichen Festessen; für meinen knurrenden Magen war nichts aufzutreiben. Ich fuhr mit dem Wagen zum rund acht Kilometer entfernten ehemaligen Sommerpalast der Emire von Swat. Nach einigem Feilschen waren zwei der Dörfler bereit, mit mir hinaufzusteigen. Brot allerdings konnte ich auch hier nicht bekommen. So starteten wir unter sehr ungleichen Voraussetzungen, und als nach fünf Stunden die 2000 Meter Höhenunterschied bewältigt waren, das letzte Drittel im Klettergang, war ich ziemlich fertig. Auf dem kleinen grasbewachsenen Gipfelplateau (Abb. 33) gab es zwei Wasserbecken, deren Inhalt mir – obwohl sonst nicht gerade empfindlich – denn doch zu trübe war. Ein Ziegenhirte, der sich mit ein paar Tieren hier aufhielt, bot mir freundlich einen Krug frischer Milch an, den ich nach näherem Hinsehen mit dem Hinweis dankend ablehnte, es sei doch Ramadan.

Das Plateau des Ilam – rund 500 Meter lang und 80 Meter breit – bietet im Frühjahr reichlich Wasser und Holz, denn der Berg ist dicht bewaldet, so daß er als Fluchtburg für eine größere Anzahl von Menschen sehr geeignet war. Während wir uns im Felsenschatten ausruhen, erzählen meine Begleiter, daß der Ilam seit Urzeiten als heiliger Berg gelte. Die im moslemischen Pakistan verbliebenen Hindus zögen hier jährlich hinauf. Auch sie als Moslems zollten dem Berg Verehrung. In den Zeiten vor der Entstehung Pakistans habe sich auch der Emir von Swat einmal im Jahr hier hinauftragen lassen. Der letzte Emir habe über drei Zentner gewogen, und so sei es ein äußerst schwieriges Unterfangen gewesen. Große Feuer seien dann auf den Felsen um das Plateau angezündet worden, die man des Nachts bis nach Peshawar hätte sehen können. Bei einem Rundgang über die Felsblöcke am Rande des Plateaus und auf den kleinen Felsengipfel, der das Plateau überragt, erschloß sich mir ein grandioser Ausblick nach allen Richtungen: Im Westen das Swattal mit dem Burgberg von Barikot, südlich davon die Berge des Malakand-Passes und dahinter die weite Ebene von Peshawar. Nach Süden ergeht der Blick über die Vorberge von Buner zum Indusfluß. Deutlich ist der Paß von Ambela zu erkennen. Die überragende Bedeutung des Gipfelplateaus wird damit klar: Es überschaut die große Heeresstraße vom Khaiber zum Indus, die Straße von den Hindukuschpässen durch das Swattal und den von dort abzweigenden Weg durch Buner über Ambela zum Indus. Von diesem Widerstandsnest wäre für Alexanders Nachschubverbindungen ständig Gefahr ausgegangen.

Rings um das Plateau fallen die Felsen senkrecht 50 und mehr Meter ab. Außer unserem Zugang aus der Richtung des Swattales, einem schmalen Pfad auf überhängendem Fels, gibt es einen zweiten Weg von Buner herauf. Von dieser Seite kämpften sich Alexanders Soldaten den Steilhang hoch.

Mit dem Ilam stimmen nun auch die anderen im antiken Bericht genannten Orts- und Entfernungsangaben überein. Alexander, vom Indus kommend, schlug sein Basis- und Versorgungslager bei Embolima auf, dem heutigen Ambela, einem kleinen Ort an einer Straßenkreuzung, vom Aornos aus gesehen kurz hinter dem Paß von Ambela.

Sir Aurel Stein mußte, um die antiken Ortsangaben mit dem Pir Sar in Verbindung zu bringen, Embolima mit dem Ort Amb am Indus gleichsetzen. Amb aber ist viel zu weit entfernt vom Pir Sar, um nach den Quellen als Basislager gedient haben zu können.

Welche strategische Bedeutung Embolima, also Ambela, am gleichnamigen Paß besaß, bezeugen wieder einmal die Briten. Als im Jahr 1857 in Indien der Aufstand gegen die britische Herrschaft ausbrach, wurde der Paß von Ambela als Schlüsselposition vom Indus ins Swattal zwei Monate lang von den dort ansässigen Pashtunen gegen die britischen Truppen unter dem Kommando von Neville Chamberlain erbittert verteidigt.

Ambela ist also das alte Embolima der Griechen, und der Berg Ilam ist der Aornos, den Alexander erstürmte. Viele Tage kostete es, bis die Soldaten die senkrechte Schlucht unterhalb des Gipfelplateaus unter dem Beschuß der Assakener mit Holzwerk zu einer Plattform aufgefüllt hatten, so daß mit Pfeilkatapulten, Steinwurfmaschinen und Türmen die Verteidigungsstellungen angegriffen werden konnten. Als es dann einem Teil der klettergewohnten Makedonen gelang, die oberste Felsspitze über dem Plateau zu erreichen, versuchten die Assakener zu fliehen. Wer sich nicht dabei über die Klippen zu Tode stürzte, wurde von den Makedonen niedergemetzelt. Gefangene gab es hier keine. Wer sich Alexander nicht freiwillig ergab, hatte bei ihm keine Gnade zu erhoffen.

Die Berge sind die Wohnsitze der Götter: Der Tiric Mir hat seine auf älteste Zeiten zurückgehende Bedeutung als Weltenberg, als Meru, in seinem Namen bewahrt. Man erzählt in Chitral, daß die Stammutter der Kator-Dynastie die Fee des Tiric Mir, eine Peri, gewesen sei.

Der Ilam, der Aornos, war der heilige Berg, das Weltzentrum der Assakener des Swattales. Er war der Sitz ihrer Gottheiten, vielleicht der vedischen Götter Indra oder Varuna, bei denen die Assakener in der Gefahr Schutz suchten. Die Buddhisten verehrten den Ilam in den Jahrhunderten vor und nach der Zeitenwende, weil Buddha ihn aufgesucht und dort gepredigt haben soll. Die Hindus pilgern alljährlich einmal hinauf, weil Rama, eine der Inkarnationen ihres Gottes Vischnu, viele Jahre in seinen Wäldern gelebt habe.

Darüber würde ich bei meinem Aufenthalt im Sommer 1990 gerne mehr erfahren. Dr. Nazir Khan stellt mich im Bazar von Saidu Sharif einem alten Mann vor, Herrn Varendra, einem Tuchhändler aus einer der wenigen Hindufamilien, die nach der Teilung Indiens am Ort geblieben sind. Wie anders hätte ich kurzfristig einen Hindu kennenlernen sollen? Ihre Kleidung ist dieselbe wie die der Moslems, und ihre Tempel sind zerstört oder zu Moscheen umgewandelt.

Dr. Nazir trägt ihm meine Bitte vor; allerdings klingt sie in meinen Ohren eher wie ein Befehl. Herr Varendra stellt sich unwissend, erklärt sich aber bereit, mich am folgenden Tage nach Buner zu begleiten, wo er andere Hindus kenne, die mir Auskunft geben könnten. Seine Freundlichkeit wirkt auf mich eher gezwungen. Nazir Kahn stellt für ihn die islamische Obrigkeit dar, der zu widersprechen er offensichtlich nicht wagt.

Meine Skepsis, unter diesen Umständen über Herrn Varendra etwas mehr über die Hindus und den Berg Ilam zu erfahren, bestätigt sich am folgenden Tag. Wir fahren über Barikot, das Bazira der Assakener, und den Karakar-Paß um den Ilam herum in Richtung Pir Baba Ziaarat. Pir Baba Ziaarat ist die bedeutendste islamische Wallfahrtsstätte Nordwest-Pakistans.

Herr Varendra läßt mich auf dem Weg in verschiedenen Orten halten und geht dann auf Suche nach seinen Hindu-Bekannten, jedesmal natürlich ohne Erfolg. Ich mache das Spiel geduldig mit; wir wahren beide sozusagen unser Gesicht. Nazir Khan hatte ihm gegenüber erwähnt, ich plante einen Film für das Fernsehen. An Aufsehen oder Öffentlichkeit sind die Hindus nicht interessiert, denn der islamische Fanatismus nimmt zu. Die Regierung Benasir Bhutto steht auf wackeligen Füßen, und die Mullahs sind im Vormarsch.

Wir erreichen Pir Baba Ziaarat. Von dieser Stelle aus hat nach meiner Ansicht Alexander mit seinen Makedonen den Aornos erstürmt.

Pir Baba, der große Lehrer, mit eigentlichem Namen Ali, kam im 16. Jahrhundert mit seinen Eltern aus Termez im heutigen Afghanistan im Gefolge der Mogulkaiser Barbur und Humayun in die Gegend von Peshawar. Dort entschloß er sich, ein »talib-ul-ilm« zu werden, »ein nach der Wahrheit Suchender«. Er galt als Sayyid, als direkter Nachkomme der Tochter Mohammeds. Verehrt von den Stämmen, ließ er sich am Berg Ilam nieder, einem Ort, der anderen Religionen bereits heilig war. Wie häufig an solchen seit undenklichen Zeiten heiligen Plätzen werden Andersgläubige hier von den Moslems eher geduldet als anderswo. In Pir Baba sollen Hindus und Sikhs in größerer Anzahl leben und ungehindert ihren Geschäften nachgehen können.

Um das Grab, die Ziaarat, hat sich wie bei allen Pilgerstätten eine Ansiedlung gebildet. Auf der Straße herrscht dichtes Gedränge. Rechts und links hocken Bettler, Krüppel und Kranke, die sich von Pir Baba Heilung erhoffen. Eine schmale Brücke über den vom Ilam herabfließenden Bach bildet den Zugang zum Grab, einem alten, schlichten Holzbau mit zwei Sarkophagen im Inneren über den Gräbern von Pir Baba und einem seiner Schüler. Durch dreimaliges Umrunden bringe ich Pir Baba meine Verehrung dar und spende etwas, dann warte ich auf Herrn Varendra. Da ich die Landeskleidung trage – lange Hosen, ein langes Hemd darüber und ein großes Tuch um Kopf und Oberkörper geschlungen – werde ich mit meinen dunklen Haaren und meiner ziemlich dunklen Hautfarbe für eine Pakistani gehalten. Ich beobachte Herrn Varendra, der die Zeremonie nun schon zum dritten Male vollführt. Seine Haltung vor dem islamischen Heiligen ist devoter als die der Moslems, eine Demonstration des alten Mannes, die über die Lebensumstände der hinduistischen Minderheit im moslemischen Pakistan mehr aussagt, als Worte es vermöchten!

Mitten im Ort gelangen wir über den Innenhof eines unscheinbaren Wohnhauses in einen als Sikhtempel hergerichteten Raum. Auf dem Tisch liegt das Heilige Buch der Sikhs, das Adi Granth, eine Sammlung von Hymnen der frühen Sikh Gurus, keine göttliche Offenbarungsschrift wie die Bibel oder der Koran.

Der Guru Nanak, das heißt der Lehrer Nanak, gründete die Glaubensgemeinschaft im 16. Jahrhundert. Er wollte Hinduismus und Islam in seiner religiösen Lehre aussöhnen. Es ist ein monotheistischer Glaube, der die Wiedergeburtslehre und das Kastenwesen ablehnt und die Anbetung eines Götterbildes verbietet. Sicher gibt es in der Nähe von Pir Baba auch einen Raum oder ein Gebäude, das die Hindus als Tempel nutzen, aber ich möchte Herrn Varendra nicht noch mehr in Verlegenheit bringen.

Auf dem Rückweg besuche ich in dem nahe Pir Baba gelegenen Pacha Dr. Singh, der in der kleinen Ambulanz des Dorfes arbeitet, ein Sikh seiner Aussage nach, wenn auch an seinem äußeren Erscheinungsbild nicht als solcher zu erkennen: Er trägt weder das obligatorische Eisenarmband noch Bart und Turban über ungeschnittenem Haupthaar, wie es Vorschrift für alle Sikhs ist. Er hat einige Jahre in den USA Medizin studiert, und ich hatte ihn im Flugzeug von Islamabad nach Peshawar kennengelernt; er gab mir damals seine Arbeitsadresse. Ich erzähle ihm nun von Alexander und dem Ilam. Er bestätigt, selbst von Pir Baba aus mehrere Male hinaufgestiegen zu sein. Wenn ich mit meinem Kamerateam käme, wolle er genügend Esel, Proviant und Decken organisieren und uns zusammen mit anderen Sikhs und Hindus für zwei Tage auf den Berg begleiten. Herr Varendra, der langsam aufzutauen scheint, nickt zustimmend; wir fahren in etwas offenerer Atmosphäre nach Saidu Sharif zurück. Beim Abschied fordert mich Herr Varendra auf, ihn zu besuchen, wenn ich wieder in Saidu Sharif bin, und diesmal ist es ehrlich gemeint.

Aber nun, Anfang September, da ich mit Karsten und Henner zu den Dreharbeiten im Swattal bin, ist es nicht die rechte Zeit dazu. Mohammeds Geburtstag steht an, ein religiöser Feiertag für die Moslems. Eine Sikh- und Hinduprozession auf den Ilam von dem islamischen Heiligtum Pir Baba Ziaarat aus wäre zu diesem Zeitpunkt eine Provokation, die für die Beteiligten üble Folgen haben könnte.

Wie gemütlich hatte ich mir die Besteigung des Ilam beim zweiten Mal gedacht: Der Aufstieg von Pir Baba aus ist zwar länger, aber weniger steil. Zwischendurch hätte man zur Erholung auf einem Esel reiten können, und unsere nächtlichen Feuer hätten bis weit in die Ebene von Peshawar geleuchtet, wie einst die Feuer der Assakener, die in ihrer Fluchtburg auf dem kleinen Gipfelplateau vor Alexander Schutz gesucht hatten. Wir hätten bei noch klarem Morgenlicht in Muße unsere Filmaufnahmen gemacht und wären ohne Hetze wieder abgestiegen.

Statt weiter meinen unerfüllbaren Träumen nachzuhängen, bitte ich Henner, mich mit der Kamera zu begleiten; Karsten hat den Fuß verstaucht, Bergtouren kommen für ihn nicht in Frage. Wie gehabt, heuere ich morgens um fünf Uhr ein paar Träger für die Ausrüstung an, und wir steigen erneut vom alten Sommerpalast der Emire von Swat den Aornos hinauf, fünf Stunden Kletterpartie auf den Spuren Alexanders. Das Aufnehmen gestaltet sich für Henner außerordent-

34 Zusammenfluß von Kabul und Indus

35 Sirkap, das von Griechen erbaute Taxila

36 Alexander mit Löwenhelm, Alexandersarkophag aus Sidon

37 Griechen und Iraner im Kampf, Alexandersarkophag

38 Stupa in Sirkap

39 Stadtmauer, die unterste Schicht ist ›griechisch‹

40 Herakles, von einer Stupa

41 Oase Siwa

42 Orakeltempel des Zeus-Ammon

43 Sonnenquelle

44 Inschrift griechischer Handwerker, Siwa

45 Ptah-Tempel von Memphis

46 Alabastersphinx aus Memphis

47 An den Pyramiden von Gizeh

48 Griechische Philosophen, vergessen im Sand

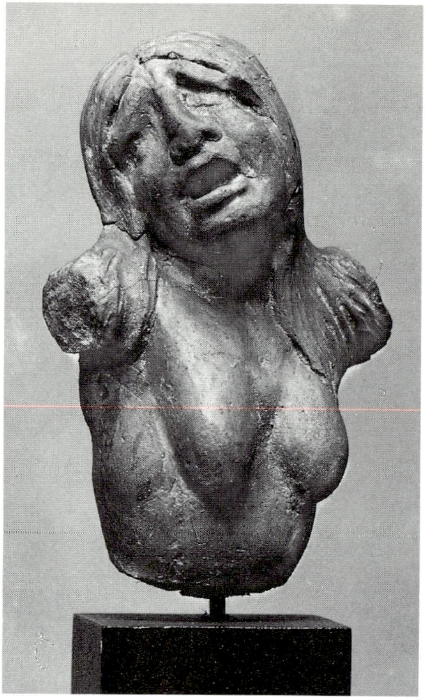

49 Alexandrinerin, Terrakotta

50 Klagefrau, Terrakotta

51 Fischer auf dem Karun-See

52 Löwentor von Tebtynis

53 Kanal bei Tebtynis

54 Tempel für Sobek, den Krokodilgott, Soknopaios

55 Markt bei der antiken Griechenstadt Naukratis im Delta

56 Ochse dreht Schöpfrad, Faiyum

57 Dasselbe Motiv auf antiker Grabmalerei, Faiyum

58 Griechische Votivstele an den Krokodilgott

59 Personifikation der Stadt Alexandria

60 Alexandria, der Osthafen mit Kait-Bey

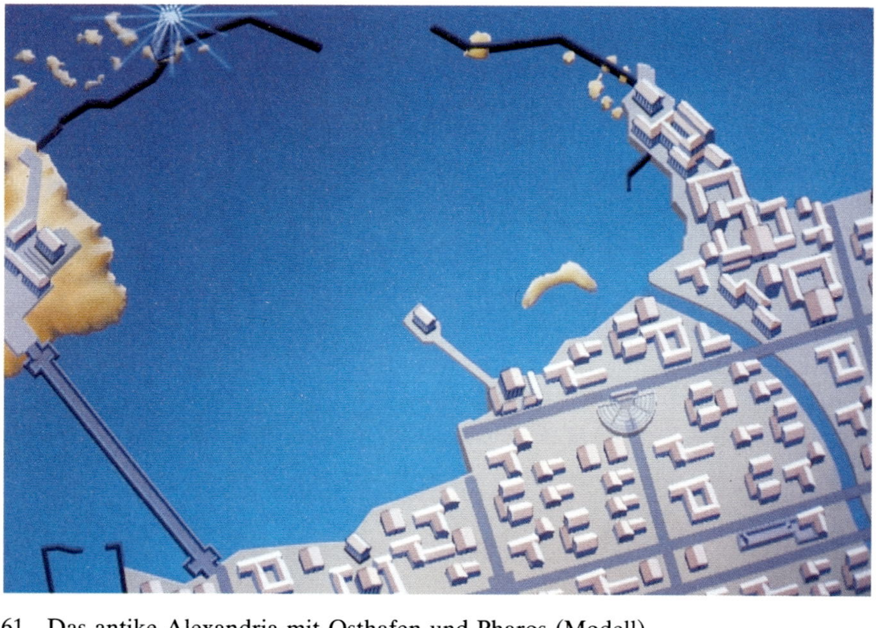

61 Das antike Alexandria mit Osthafen und Pharos (Modell)

62 Alexander-Kopf aus Pergamon

63 Kleopatra, die letzte makedonische Königin

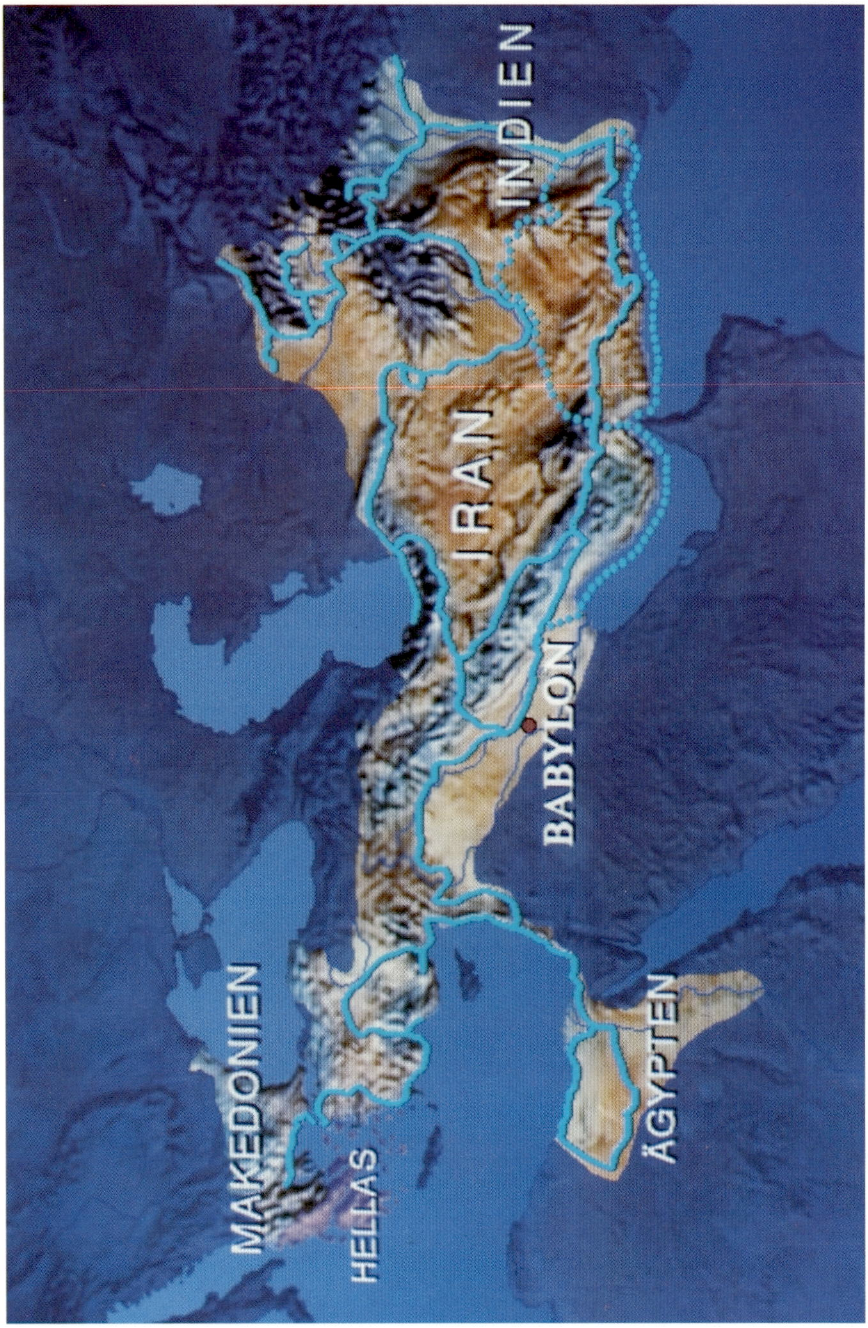

64 Karte des Alexanderzuges

lich schwierig, denn Mittagsdunst liegt über der Ebene von Peshawar und dem Swattal. Ich werde später für den Film deswegen auch auf Dias zurückgreifen müssen, die ich bei klarerem Wetter vor fünf Jahren gemacht habe. Wo der Blick vorher frei in der Landschaft schweifen konnte, sind inzwischen Bäume hochgewachsen, und Henner muß mit der Kamera herumklettern. Gegen 15 Uhr kommt das Mittagessen; fünf junge Männer haben es uns aus dem Tal hier hinauf nachgetragen. Es würde für eine halbe Kompanie reichen, so daß auch die zehn zusätzlichen Esser auf ihre Kosten kommen, die sich unterwegs aus Neugier und mangels anderer Beschäftigung angeschlossen haben. 16 Uhr: In zweieinhalb Stunden bricht die Dunkelheit herein. Ich bin nachtblind und habe keine Lust, mir bei einem Sturz über die Steilfelsen das Genick zu brechen, wie es damals vielen Assakern auf der Flucht vor den Makedonen geschah. Wir nehmen nach dem obersten Drittel eine halsbrecherische Abkürzung. Aber es wird Nacht, und in den letzten 40 Minuten stolpere und springe ich das steile Geröllbett eines ausgetrockneten Bachlaufes im Blindflug hinunter. Die Götter beschützen mich, doch nach einer dritten Ilam-Besteigung verspüre ich keinerlei Sehnsucht.

Der Weg ins Indusland

Der folgende Tag führt uns über Barikot, den Karakar-Paß, nicht weit an Pir Baba vorbei nach Süden über den Paß von Ambela. Ambela, das griechische Embolima, wo Alexander das Heereslager für den Kampf um den Aornos hatte aufschlagen lassen, ist nichts weiter als eine von wenigen Häusern gesäumte Straßenkreuzung. Hier halten die Überlandbusse aus allen vier Himmelsrichtungen; man steigt hier um, kauft dabei noch etwas Wegzehrung, trinkt einen Tee: Davon lebt Ambela. Nicht wenige der Busse sind Veteranen der britischen Firma Bedford mit den stark ausgebauchten Seitenflächen. Alle sind grellbunt angemalt. Die kleinen Fenster lassen drinnen fürchterliche Hitze vermuten. Auch wir trinken Tee und beobachten die pausenlos Ein- und Aussteigenden. Ihre Besitztümer werden zu riesigen Bündeln verschnürt auf dem Dach festgezurrt. Hühner kommen mit hinein in den Bus, Schafe müssen obendrauf aushalten.

Am frühen Nachmittag erreichen wir Hund, als Ohind Hauptstadt der Hindushahiya, die von 870 bis 1020 n. Chr. als letzte hinduistische Dynastie in diesem Gebiet herrschte. Bei Hund kreuzte die große Straße seit ältester Zeit den Indus. Hier war die einzige für Menschen und Tiere begehbare Furt – und auch das nur zur Winterszeit, wenn der Fluß kein Hochwasser führte. Innerhalb der verfallenden Mauern der ehemaligen Festung, die die Furt bewachte, hat Hund als kleines Dorf überlebt. Kinder baden und spielen im Fluß, die Frauen waschen, eine Herde Wasserbüffel läßt sich den Strom abwärts treiben; ihr Hirte schwimmt auf seinem ausgestopften Ziegenbalg nebenher. Der Tarbela-Stausee nördlich des Ortes hat den größten Erddamm der Welt und damit den Indus gezähmt. Nur sein viele Kilometer breites Bett läßt ahnen, wie gewaltig er einst war, als Alexanders See-Experten eine Schiffsbrücke über ihn erbauten.

Vor Alexander lag das ersehnte Indien. Was wußte der Makedonenkönig von diesem Land?

Nur ein Grieche vor seiner Zeit hatte unseres Wissens nach das Indusland gesehen: Skylax aus Karyanda im südwestlichen Kleinasien. Im Auftrag des persischen Großkönigs Dareios war er bereits im 6. Jahrhundert v. Chr. den Indus mit dem Schiff hinabgefahren und an der Küste Irans entlang zurück bis nach Ägypten gesegelt, eine unerhörte Leistung für diese Zeit.

Seinen Bericht benützte im 5. Jahrhundert der Grieche Herodot, der als »Vater der Geschichtsschreibung« gilt. Wir können voraussetzen, daß auch dem Aristoteles die Schrift des Skylax bekannt war und durch ihn seinem Schüler Alexander. Weitere Erzählungen über Indien, wie die des Ktesias, dem griechischen Leibarzt des persischen Großkönigs Artaxerxes II., um 400 v. Chr. entstanden, fußten nicht auf eigener Anschauung. Sie sind gesammelte Märchen, unglaubliche Geschichten von Schattenfüßlern, Mantelohrmenschen, Zwergen, Menschen mit Hundeköpfen und riesigen, goldgrabenden Ameisen.

Was zog Alexander hierher? Die herrschende Vorstellung vom Goldreichtum und der Prachtentfaltung indischer Fürsten?

Auch heute sind es noch die Vorstellungen vom Land der Mogulkaiser mit ihren kostbar ausgestatteten Residenzen und Grabmälern wie dem Taj Mahal und die märchenhaften Erzählungen von der verschwenderischen Hofhaltung indischer Rajas und Maharajas, die eine Reise nach Indien buchen lassen.

Aufgrund ähnlicher antiker Berichte hatte Alexander vor dem Einmarsch nach Indien die Schilde seiner Leibwache mit Silber überziehen lassen.

Trieben also die Aussicht auf reiche Beute oder Abenteuerlust und

Neugierde den König nach sieben Jahren Krieg weiter nach Osten? Wieweit können wir nach zweieinhalb Jahrtausenden überhaupt noch nachvollziehen, was sich in den Köpfen der damals lebenden Menschen abgespielt hat? Wir haben doch in der Gegenwart schon allergrößte Schwierigkeiten, die Mentalität und Vorstellungswelt von Völkern anderer Kulturkreise und Religionen zu verstehen, obwohl die Erde für uns überschaubar geworden ist: Fernseher, Radio, Zeitungen bringen sie uns jeden Tag ins Haus. Unser Leben wird doch von all den Errungenschaften und Kenntnissen der Wissenschaften bestimmt, die zu Alexanders Zeit erst am Beginn standen. Die Naturwissenschaften waren gerade im Entstehen. Aristoteles begann, das Wissen seiner Zeit zu sammeln und aufzuarbeiten. Historisches Denken in unserem Sinne entwickelte sich erst. Noch war auch der Mythos Geschichte: Herakles, der Stammvater Alexanders, war für ihn keine Sagengestalt, an seiner Existenz wurde nicht gezweifelt.

Ich erinnere mich an die Faszination, die ich als Kind beim Anblick der zwei oder drei kleinen weißen Flecken auf einem alten Schulatlas empfand, kleine Stücke noch unerforschter, unbekannter Erde. Zu Alexanders Zeit war die bekannte Erde nur ein verhältnismäßig kleiner Fleck auf der Weltkarte. Wie sah das Bild seiner Erde aus? Man dachte sie sich ganz symmetrisch angeordnet, in ihrer Mitte die Oikumene, die bewohnte Welt, von Menschen besiedeltes Kulturland mit gemäßigtem Klima. Im Norden und Süden grenzten Wüsten und Steppen an, die durch extreme Kälte oder Hitze als für Menschen unbewohnbar galten. Die Ost-West-Achse der Oikumene wurde von einer Gebirgskette durchzogen, Pyrenäen – Tauros – Kaukasos, als dessen östlichen Teil man den Hindukusch sah. Es gab zwei große Flußsysteme, im Norden Donau und Tanais, in dem man die Flußläufe des Don und des Syr Darja zusammengefaßt hatte. Im Süden entsprachen ihnen Nil und Indus. Das Problem des Niloberlaufes war ungelöst. Als man im Indus nun Krokodile sah – heute nur noch im Unterlauf des Indus heimisch – wurde die alte Vermutung wieder laut, Nil und Indus bildeten ein gemeinsames Flußsystem. Denn Krokodile kannte man nur aus Ägypten. Im Westen hatte die Oikumene ihr Ende an den Säulen des Herakles bei Gibraltar. Hier stieß sie an den die Erde umfließenden Okeanos, das Weltenmeer. Das Ende der Oikumene im Osten war unbekannt.

Betrachtet man diese Erdkarte der Alexanderzeit, wird klar, daß man sich Indien, den Teil Asiens, der an den Okeanos stoßen mußte, verschwindend klein dachte. Die tatsächlichen Ausmaße des asiatischen Kontinents waren für die damalige Zeit völlig unvorstellbar.

Zwar hörte man von Ambhi, dem Fürsten von Taxila jenseits des Indus, der Alexander schon aufgesucht und seine Unterwerfung angeboten hatte, daß sich östlich von Taxila ein weiteres indisches Reich erstreckte. Dahinter aber, davon war Alexander überzeugt, mußte der Okeanos fließen, mußte das Ende der Welt erreicht sein. Dann erst war er über die persischen Großkönige hinausgewachsen, war er Herr und König über ganz Asien.

Von unseren Kenntnissen aus betrachtet, war Alexanders Unterfangen ein Wahnsinn, nach den Kenntnissen Alexanders lag es im Bereich des Möglichen.

Nach feierlichen Opfern an die zwölf olympischen Götter setzte das Heer über den Fluß und marschierte Richtung Taxila.

Wir müssen für unsere Indusüberquerung rechts des Flusses nach Süden fahren, um an der Mündung des Kabul, der hier in seinem Unterlauf Landai heißt, die große Überlandstraße zu gewinnen, die von Peshawar über Rawalpindi/Islamabad nach Lahore und weiter über die Grenze nach Delhi führt.

Bei Attock, wo sich die dunkelgrünen Wasser des Landai mit den klaren blauen Wassern des Indus vereinigen (Abb. 34), fahren wir über den Strom auf der von den Briten erstmals Ende des letzten Jahrhunderts gebauten Brücke. Am gegenüberliegenden Ufer erstreckt sich die mächtige Festung Attock, die der Mogulkaiser Akbar 1581 hat errichten lassen.

Kurz vor Einbruch der Dunkelheit erreichen wir 40 Kilometer vor Islamabad die Ruinen von Taxila. Hinter dem kleinen Museum wohnt der Custos, den ich über unsere Dreharbeiten am nächsten Tag informiere. Probleme gibt es auch hier keine. Wir haben viele gemeinsame Freunde, und der Generaldirektor der Altertümer in Karachi hat ihm bereits ein Telex geschickt mit meiner Sondergenehmigung, nach der ich alle erwünschten Objekte aus der Vitrine herausnehmen und im Freien filmen darf.

Als Alexander nahte, erschien Ambhi als Taxiles, das heißt als Fürst von Taxila, mit prächtig geschmückten Elefanten, die Makedonen festlich zu empfangen. Taxila oder Takshashila, wie der indische Name lautete, war die erste große Stadt des indischen Subkontinents, die die Makedonen erlebten. Sie lag an den Haupthandelswegen, die von den Gangesländern im Osten nach Iran hinüberführten und von Norden her Zentralasien und die Himalayaländer mit dem Sindh im

Süden verbanden. Taxila war schon zu Alexanders Zeit die bedeutendste Ansiedlung im Punjab.

Unter dem Hügel Bhir Mound kamen bei den englischen Ausgrabungen zu Beginn unseres Jahrhunderts die Überreste des alten Takshashila zutage. Die Stadt war umgeben von einer Mauer aus ungebrannten Ziegeln, Lehm und Holzverstärkungen und durchzogen von einem Gewirr enger, gebogener Gassen. Nur die Grundrisse der Wohnbauten des 4. Jahrhundert v. Chr., die ebenso unregelmäßig wie die Straßenzüge angelegt waren, lassen sich noch erschließen. Um zwei offene Innenhöfe gruppierten sich 15 bis 20 vorwiegend sehr kleine Räume für Bewirtschaftung, Diener und Sklaven. Die oberen Zimmer der mindestens zweistöckigen Häuser waren sicher größer und für die Familie gedacht. In den Höfen, den Waschräumen und der Küche befanden sich Sickerschächte; der feste Hausmüll wurde in auf den Straßen aufgemauerte Abfallkübel geworfen. Der Wasserverbrauch der Bürger von Takshashila scheint gering gewesen zu sein, denn im ganzen Stadtgebiet befanden sich keine Brunnen. Das Wasser wurde also vom nicht allzuweit entfernten Flüßchen, dem Tamra Nala, geholt. Die Hauswände bestanden aus Bruchsteinmauerwerk mit Lehm verputzt, die flachen Dächer aus einer Holz- und Lehmkonstruktion. Von der sicher farbenprächtigen Dekoration und Innenausstattung ist nichts erhalten. Reich an Edelmetallschätzen waren die Bewohner Taxilas allerdings nicht; das zeigen die Ausgrabungsfunde.

Die Enttäuschung hierüber ist auch den Chronisten Alexanders deutlich anzumerken. Welch hochgespannte Erwartung hatten die Soldaten zuvor gehegt! Die Realität war eher ernüchternd. Aber die Bewirtung war freundlich, und das fremdartige, bunte Gewimmel der vielen Menschen in den engen Gassen war ebenso faszinierend wie für den Reisenden der Gegenwart der erste Besuch einer indischen Stadt. Das alte Delhi mit seinen ebenso schmalen, gebogenen Straßenzügen, über die man sich von Haus zu Haus die Hand reichen kann, vermittelt eine gute Vorstellung davon, wie es damals in Taxila ausgesehen haben mag.

Zum ersten Male wurden die Makedonen mit dem Hinduismus näher bekannt. Von den indoarischen Göttern wie Indra, Varuna Agni, Mitra hatte man im iranisch-indischen Grenzgebiet schon gehört, östlich des Indus aber war die hinduistische Göttertrias, Brahma, Vischnu und Schiva, dabei, den vedischen Gottheiten den Rang streitig zu machen. Aus einem ganz persönlichen Erkenntnistrieb – darin ein echter Schüler des Aristoteles –, befaßte Alexander sich mit der Kultur und Religion der unterworfenen Völker. Daneben suchte er auch aus politischen Gründen Einvernehmen mit der Priesterschaft der jeweiligen Länder, deren Macht über das Volk zu keiner Zeit zu unterschätzen war und ist. Der Einfluß der Brahmanen als oberster Kaste war bereits sehr stark, wenn hier im Nordosten auch nicht ganz so ausgeprägt wie im Süden, wo sie später den nationalen Widerstand gegen Alexander anführten.

Von den Chronisten des Alexanderzuges und dem Griechen Megasthenes, der eine Generation nach Alexander in Indien weilte, stammen die ersten, in unserem Sinne geschichtlichen Daten und Berichte über Kastenwesen und andere Sitten, wie zum Beispiel den Brauch der Witwenverbrennung.

Nicht alles am religiösen Weltbild der Inder war den Griechen so fremd wie uns vom Christentum geprägten Abendländern. Onesikrit, ein Begleiter Alexanders, der seine Erlebnisse später in einem Buch veröffentlichte, war Angehöriger der Philosophenschule der Kyniker, deren bekanntester Vertreter für uns Diogenes ist, der Mann, der in einer Tonne lebte. Der König hatte Diogenes vor seinem Aufbruch nach Asien in Korinth aufgesucht und nach einem Wunsch befragt; Diogenes soll geantwortet haben: »Geh mir aus der Sonne!« Die kynische Lehre von der Abtötung aller Bedürfnisse und der Nichtigkeit allen Besitzes fand für Onesikrit bei den indischen Asketen ihre Entsprechung. Ein Brahmane namens Kalanos gehörte hinfort zu Alexanders Hofgesellschaft.

Dicht bei dem Museum von Taxila überqueren wir den Sportplatz der modernen Ansiedlung. Das abendliche Fußballspiel ist noch im Gange. Eine Seite des Platzes wird von einem Erdwall gesäumt, hinter dem die nach dem Monsunregen dicht von Gras überwucherten Reste des alten Takshashila liegen. Es braucht schon Phantasie, um sich in den kümmerlichen Ruinen die einst blühende und volkreiche Stadt vorstellen zu können. Jeder Monsun wäscht noch ein wenig mehr weg von den ausgegrabenen Mauerzügen der Häuser. Nur mit Hilfe eines Grabungsplanes und ein wenig Geduld sind zwischen ihnen die schmalen Gassen noch auszumachen, durch die auch makedonische Soldaten während ihres Ausgangs bummelten, unbekannte Früchte kosteten oder Stoffe und Kleidungsstücke aus Baumwolle kauften, dem »Leinen, das auf Bäumen wächst«, wie die Chronisten die Baumwolle bezeichneten. Alexander ließ eine Garnison in der Stadt zurück, als er nach vier Wochen wieder aufbrach, begleitet von Taxiles und seiner indischen Hilfstruppe. An der östlichen Grenze seines Landes, dem Fluß Jhelum, Hydaspes mit griechischem Namen, stand das kampfbereite Heer des Königs Paurava, dem Poros der Überlieferung. Auf Alexanders Aufforderung zur Übergabe hatte er geantwortet, er erwarte den Makedonen, aber mit Waffen.

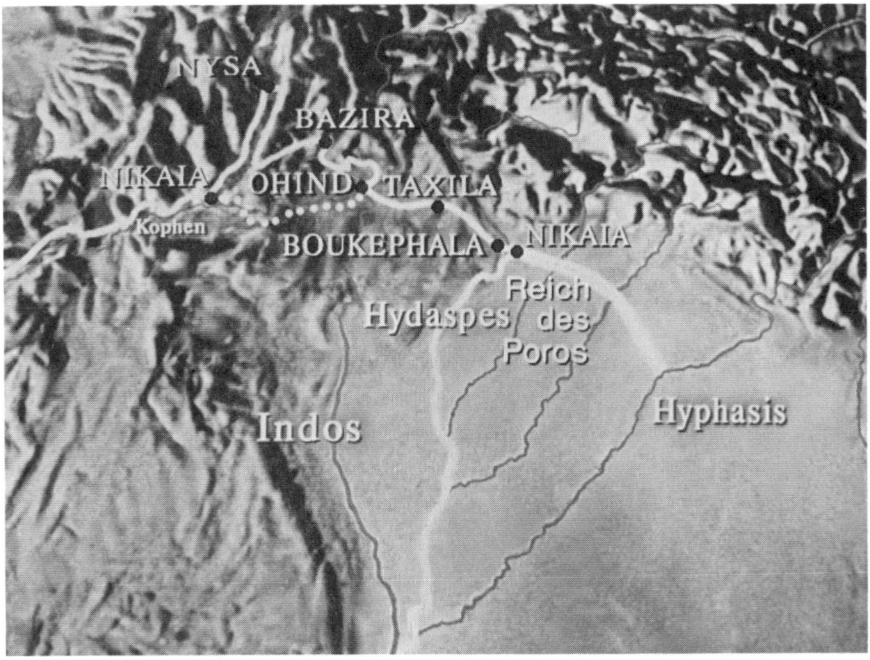

Pferde gegen Elefanten

Auf dem steilen Felsenberg erhebt sich das gewaltige Rohtas-Fort mit einer Festungsmauer von fünf Kilometern Länge. Kaiser Sher Shah Suri hatte den Bau im 15. Jahrhundert errichten lassen. Heute ist hier pakistanisches Militär stationiert, und ich lasse meine Kamera wohlweislich gleich im Auto. Am Fuße des Festungsberges fließt der Jhelum vorbei, der nur wenig nördlich von hier das unzugängliche Gebirge durchbricht, das die Ebene begrenzt. In dieser nun kann sich der Fluß ausbreiten, bildet Seitenarme mit Inseln dazwischen und erlaubt 25 Kilometer unterhalb des Rohtas-Forts seine Durchquerung mittels einer Furt. Durch sie verlief seit jeher die große Überlandstraße nach Lahore und Delhi. Gut ausgebaut unter den Mogulkaisern Indiens, überwindet die »Grand Trunk Road« – wie sie zu britischen Zeiten hieß – den Jhelum auf einer Brücke südlich der Furt bei dem gleichnamigen Großdorf Jhelum.

Das Flußtal zwischen diesem Ort und Fort Rohtas war der Schauplatz der nach Issos und Gaugamela dritten gewaltigen Entscheidungsschlacht des Alexanderzuges. Auch andere Stellen am Jhelum werden von den Historikern für die Schlacht in Anspruch genommen. Wer aber Zeit und Mühe nicht scheut, mit dem Auto und zu Fuß die Topographie der Orte selbst in Augenschein zu nehmen, muß feststellen, daß nur südlich des Rohtas-Forts die natürlichen Gegebenheiten mit den uns in den Quellen beschriebenen Ereignissen übereinstimmen.

Von Westen marschiert Alexanders Armee heran, verstärkt durch die iranischen und indischen Truppenkontingente, insgesamt wohl um die 100000 Mann. Am östlichen Ufer hat Poros seine Krieger aufmarschieren lassen. Sie sind in der Überzahl. Zu Infanterie und Kavallerie führt der indische König Streitwagen und, als seine stärkste Waffe, 200 Kriegselefanten mit ins Feld. Zum ersten Mal in der Kriegsgeschichte wird uns eine Elefantenschlacht geschildert. Nur für den Kriegszweck aufgezogen und trainiert, sind diese intelligenten Tiere eine furchtbare, alles niederwälzende Waffe, die denselben Zweck erfüllt wie im 20. Jahrhundert der Panzer. In einem Turm auf dem Rücken der Tiere sitzen die Pfeilschützen, auf dem Nacken sitzt der Lenker, hinter dem Elefanten eine Truppe der Infanterie, die mit ihm zusammen eine Kampfeinheit bildet und dem Kommando des Elefantenführers untersteht. Dieser gibt seine Befehle mit Hilfe einer Flagge an die Paukenschläger, die sie durch Paukensignale an die einzelnen Kampfgruppen weiterleiten.

Poros ist allein schon aufgrund seiner Position am gegenüberliegenden Ufer im Vorteil. Den Bau einer Brücke und den ersten Überquerungsversuch der Makedonen kann er verhindern. Wie soll Alexander nun über den Fluß? Nur durch List und Täuschungsmanöver kann er dem Inder beikommen: Er hält seine Truppen – und damit auch die des Poros – in ständiger Bewegung, indem er sie am Ufer hinauf- und hinabziehen läßt, als ob er an einer anderen Stelle hinüberzusetzen gedenke, ein Spiel, das er über viele Tage hinzieht. Gleichzeitig läßt er reichlich Futterage herbeischaffen, als ob er sich für längere Zeit hier aufzuhalten gedenke. Währenddessen aber werden heimlich stromaufwärts hinter einer natürlichen, vom anderen Ufer nicht einsehbaren Erhebung Tierhäute mit Stroh gefüllt und zu Flößen zusammengesetzt. Im Lager schmieden Alexanders Techniker und Handwerker unterdessen neuartige Waffen, um den Elefanten beizukommen.

Es ist Ende Juni, die ersten Monsungewitter setzen ein. Späher bringen die Kunde, Poros erhielte in Kürze Verstärkung aus den Bergen des Nordens. Damit ist für Alexander die Stunde der Entscheidung gekommen. Ein unglaubliches Manöver beginnt:

Am nächsten Tag werden in aller Offensichtlichkeit an der Furt die Vorbereitungen zum Übersetzen getroffen! Ein Makedone in Alexanders Rüstung und Helm gibt am Ufer dem Feind gegenüber Anweisungen, reitet organisierend hin und her. Alexanders General Krateros hat hier beim Gros des Heeres das Kommando übernommen. Der König selbst aber ist mit 11000 Mann seiner besten Truppen aus Kavalleristen, Infanteristen und berittenen Bogenschützen in einem großen Bogen nach Norden unterwegs. Über 30 Kilometer sind zurückzulegen, ehe er sich schon bei Dunkelheit dem Versteck gegenüber dem heutigen Rohtas-Fort nähert. Ein Monsungewitter bricht herein, Regen braust hernieder und Blitze zucken durch die pechschwarze Nacht, als 6000 Pferde und Reiter und 5000 Fußsoldaten sich in die ansteigenden Wasser des Jhelum wagen. Auf Ziegenbälgern schwimmen die Kavalleristen neben den Pferden, auf Flößen versuchen die Infanteristen das gegenüberliegende, nur beim Aufleuchten der Blitze sekundenlang sichtbare Ufer zu erreichen. Dabei sind sie in Gefahr, von der stärker werdenden Strömung abgetrieben zu werden. Im Donner und Regenrauschen sowie dem Wiehern in Panik geratener Pferde gehen Kommandorufe unter. Einige Männer werden vom Blitz erschlagen.

Als sich die Soldaten auf festem Boden wieder sammeln, kommt der inzwischen ausgesandte Vortrupp zurück und meldet, man sei auf einer Insel gelandet, vom Ufer durch einen schmalen, aber reißenden Seitenarm getrennt. Tatsächlich ist die Strömung durch den immer noch andauernden Regen auf der anderen Seite der Insel so stark, daß man sich auf den Häuten nicht zu halten vermag. Dennoch kämpfen sich, bis zum Hals im Wasser, Menschen und Tiere hinüber. Während die Infanterie sich als letztes formiert, reitet Alexander mit der Kavallerie voraus. Da tauchen im Morgengrauen Truppen des Feindes auf, wohl um die 1000 Reiter und 80 Streitwagen, die Poros ausgeschickt hat, die Ufer zu kontrollieren. Halten die Inder die herannahenden Makedonen für die erwartete Hilfsarmee aus dem Norden – die Richtung immerhin stimmt – oder bemerken sie die vielleicht noch in Uferdeckung reitende Kavallerie zu spät? Unsere Quellen sind widersprüchlich. Alexander jedenfalls fällt mit der gewohnten Schnelligkeit über die Feinde her, soll Poros doch von dem gelungenen Flußübergang nichts erfahren.

Den wenigen, die entfliehen können, folgt er, bis das feindliche

Lager in Sichtweite ist. Fast unvorstellbar ist es, was Alexander sich und seiner Mannschaft zumutet: Nach dem anstrengenden Ritt tags zuvor, dem erschöpfenden Flußabenteuer nachts und einem Reiterkampf in der Frühe nun anschließend ein Gewaltritt über eine Entfernung von mehr als 20 Kilometern! Die Pferde sind erschöpft, die makedonische Infanterie, die in größter Eile hinterhermarschiert, braucht noch Stunden, bis sie zur Schlacht eintreffen wird. Alexander wartet also ab. Der weitere Verlauf der Ereignisse wird auch von der Reaktion des Poros abhängen.

Im indischen Lager herrscht Verwirrung. Poros Schlachtplan, die Aufstellung seiner Armee, ist auf die Furt ausgerichtet, dort auf der anderen Seite hat er ja den Makedonenkönig vermutet.

Nun erreicht ihn die Schreckensnachricht, Alexander habe übergesetzt, habe nahezu 1000 seiner Reiter und Streitwagenfahrer getötet, darunter ihren Anführer, den jungen Poros, seinen Sohn.

Wieviel Soldaten mag Alexander mit sich führen? Nur mit der Kavallerie hatten Poros' Leute gekämpft, über die Infanterie herrscht Unklarheit.

Poros muß also mit zwei Fronten rechnen, denn am anderen Ufer steht Krateros mit dem Hauptheer zum Übersetzen bereit. Ein Abziehen der Front von der Furt kommt nicht in Frage. Auch Poros ist ein genialer Feldherr, wie die neue Aufstellung seiner Armee zeigt: Ein riesiger Halbkreis entsteht mit seinem offenen Ende zum Fluß, ein Bollwerk, das einer Stadtmauer gleicht, wie die Berichterstatter voller Bewunderung schreiben. Die rechte und linke Flanke am Ufer wird von den Streitwagen gebildet, in zweiter Linie dahinter steht die Kavallerie. Dann kommt eine Öffnung, ein Tor, das der Kavallerie Schwenk und Ausfall erlaubt, anschließend, als Pufferzone zwischen Pferden und Elefanten, ein Teil der Infanterie. Den weitaus größten Teil des Halbkreises bilden die Elefanten. Zwischen den Tieren ist eine Lücke von 30 Metern zum Wenden, da nach indischer Kriegstaktik die Elefanten geübt sind, nach beiden Seiten zu kämpfen, und die zugehörige Truppe Fußsoldaten blitzschnell durch diese Lücke vorstoßen oder sich zurückziehen muß. Die Elefantenstellung ist für Pferde unangreifbar, und selbst für die siegesgewohnten Makedonen ist sie ein Anblick des Grauens.

Die Schlachtordnung des Poros stellt Alexander vor eine schier unlösbare Aufgabe, und er soll ausgerufen haben: »Da sehe ich nun auch einmal einer Gefahr ins Auge, die meinen Geist völlig in Anspruch nimmt«.

Alexander muß seinen Angriff so ausrichten, daß die Stellung an

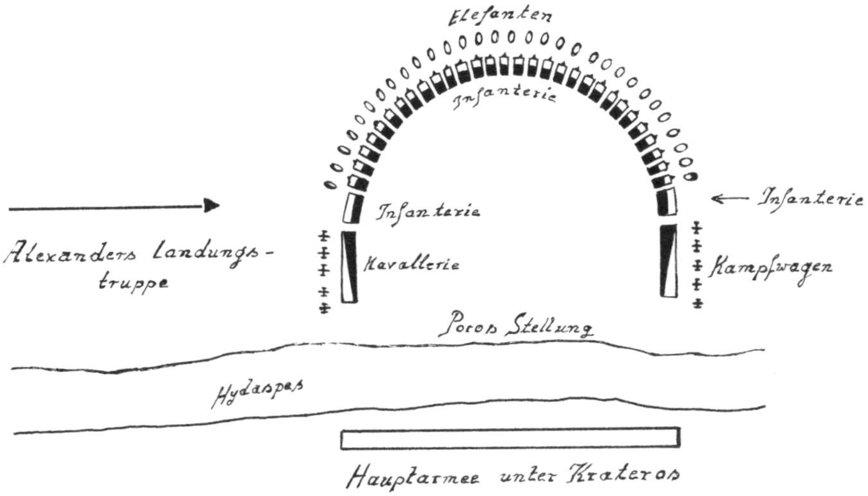

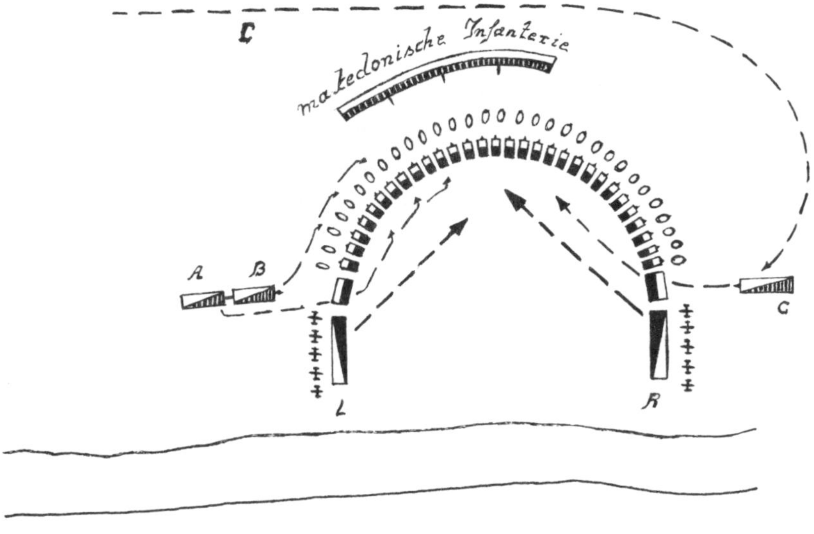

L. Die linke Flügelkavallarie } der Inder.
R. Die rechte
A. Alexander mit der durchstoßenden Kavallerie.
B. Die reitenden Bogenschützen, welche kurz vor dem Einbruch nach links abbiegen.
C. Kavallerie des Koinos.

der Furt aufgebrochen und anderweitig gebunden wird, damit Krateros mit der Hauptarmee den Fluß überqueren und in den Kampf eingreifen kann.

In seinen großen Schlachten bei Issos und Gaugamela ist Alexander selber (Abb. 36) an der Spitze seines Regimentes in die feindlichen Linien eingebrochen in Richtung des Zentrums, des gegnerischen Königs, um die feindliche Front von innen her zum Wanken zu bringen. Wird er gegen Poros dieselbe Taktik anwenden? Der indische König hat auf der linken Flanke auf seinem Elefanten Position bezogen, ein Hüne von zwei Meter Länge, für Freund und Feind deutlich erkennbar. Im Infanteriekontingent zwischen Poros und dem Ausfalltor aber erspäht der Makedone seine einzige, wenn auch äußerst riskante Chance.

Schon blasen seine Trompeten das Signal, die berittenen Bogenschützen greifen in vollem Galopp an, überschütten die Infanterie mit ihrem Pfeilhagel und bringen die Stellung mit der Wucht ihres Angriffs ins Wanken. Dann schwenken sie in vollem Lauf nach links und reiten vor der Elefantenfront entlang.

Verdeckt zuvor durch seine Bogenschützen, stößt nun Alexander an der Spitze seiner schräg gestaffelten Reiterei wie ein Pfeil in die indische Infanterie und durch sie hindurch in das freie Gelände hinter die geschlossene Front des Poros. Noch ehe die indische Kavallerie Zeit hat, nach rechts zum Gegenangriff zu schwenken, wenden sich die Makedonen nach links.

Während die Bogenschützen von außen die Elefanten mit ihren Pfeilen beschießen, um zu verhindern, daß die Front sich nach innen kehrt, galoppiert Alexander an der inneren Kreislinie entlang und versucht die dort in zweiter Linie stehende Infanterie in und zwischen die Elefanten zu drücken. Längst hat Poros das Zeichen gegeben, und die indische Reiterei der rechten wie der linken Flanke haben zur Verfolgung Alexanders angesetzt, der dem Scheitelpunkt des Halbkreises zustrebt und – so scheint es – hoffnungslos in der Falle sitzt.

Das hat der Makedone vorausgeplant: Denn kaum ist nun auch das rechte Tor von der Kavallerie entblößt, stößt hier sein Reitergeneral Koinos durch die dort postierte Infanterie ins Innere des Halbkreises vor und erscheint im Rücken der indischen Reiterei, die nun ihrerseits in die Zange gerät.

Alexander hat damit sein erstes und wichtigstes Ziel erreicht: Während die Elefanten durch die Bogenschützen und die inzwischen in breiter Front vor ihnen aufmarschierte makedonische Infanterie gebunden sind und die Kavallerie weit entfernt vom Fluß mit

Alexander und Koinos beschäftigt ist, setzt Krateros vom gegenüberliegenden Ufer mit der Hauptarmee über, um in den Kampf einzugreifen.

Fanfarensignale der Makedonen erschallen, und die Pauken der Inder dröhnen, Waffengeklirr mischt sich mit dem Wiehern der Pferde, dem Stöhnen der Verwundeten und Sterbenden; über allem Kriegslärm ertönt das schrille hohe Trompeten der Elefanten, die ihre Gegner mit dem Rüssel hochheben und zerschmettern. Die Inder wehren sich tapfer. Nach acht Stunden Kampf in glühender Sonne ermatten Menschen und Tiere. Es scheint, als ob es Alexander gelungen sei, den Feind zusammenzudrängen. Die Elefanten, ihrer Führer und Lenker beraubt und verwundet, geraten in Wut, unterscheiden nicht mehr zwischen Freund und Feind und zertrampeln, was ihnen in den Weg gerät.

Die Inder beginnen zu fliehen. Durch den Opfermut des Poros und seiner Reiterei gelingt es einem Teil seiner Fußsoldaten zu entkommen. Poros auf seinem Elefanten bleibt bis zum Ende auf dem Schlachtfeld. Verwundet erst nimmt er Alexanders Aufforderung zur Übergabe an und wird vor den Makedonen geführt, ein riesenhafter, stolzer und schöner Mann, neben dem der Makedone – säße er nicht auf einem Pferd – wie ein Zwerg erschiene. »Wie soll ich mit Dir verfahren?« fragt Alexander. »Königlich«, war die einfache Antwort des Poros.

Alexander und Poros wurden zu Freunden. Poros wurde nicht nur – wie Taxiles vor ihm – in seinem Reich bestätigt. Alexander setzte ihn zu seinem Stellvertreter für ganz Indien ein.

In den Wochen der Rast nach der Schlacht gründete Alexander zwei Städte: Die eine nannte er Boukephala nach seinem Lieblingspferd Boukephalos, das nach dem Kampf an Schwäche gestorben war. Gegenüber am östlichen Ufer, dem Ort des Sieges, entstand die Stadt des Sieges, Nikäa.

Dr. Darr, der Direktor des Museums Lahore, der ebenso wie ich die Meinung vertritt, die Porosschlacht habe zwischen dem Ort Jhelum und dem Rohtas-Fort stattgefunden, erzählte mir, daß es einen Ortsteil im Großdorf Jhelum gebe, dessen Name phonetisch im Indischen wie »Nikäa« klinge. Vielleicht werden hier einmal Ausgrabungen stattfinden und die Überreste der Alexanderstadt zum Vorschein kommen, die zeigen, daß in ihnen einstmals Griechen und Makedonen lebten, die Alexander angesiedelt hatte.

Das Ende der Welt

Von Poros erfuhr der Makedonenkönig viel über die indische Lebensweise, vor allem – und das wird Alexander am meisten interessiert haben – über die unzähligen Völker und über das riesige Land am Fluß Ganges, der noch mächtiger sei als der Indus. Den Okeanos, das Weltenmeer im Osten, hatte keiner der Inder je gesehen.

Es war Hochsommer, die Zeit der Trockenheit in den Ländern des Mittelmeeres und Irans. In Indien aber setzte nun der Monsun ein, den Makedonen unbekannt. Natürlich hatten Taxiles und Poros dem König von den klimatischen Verhältnissen ihres Landes berichtet und von einem Feldzug zu dieser Jahreszeit abgeraten.

Was trieb Alexander dennoch so schnell weiter? Waren es die unerwartete Größe Indiens und die vielen Stämme und Reiche, die er noch erobern mußte, wollte er sein Ziel erreichen? Drängte die Zeit, weil er sich der Unruhe und des Heimwehs seiner Soldaten bewußt war? Oder konnte er sich die Auswirkungen des Monsunregens nicht vorstellen, der so ganz anders ist als ein erfrischendes Sommergewitter in Makedonien? Von den gewaltig anschwellenden, weit über die Ufer tretenden Flüssen hatte der Übergang über den Jhelum nur einen schwachen Vorgeschmack gegeben.

Alexander brach auf. Poros versprach, mit Kriegselefanten und indischen Truppen baldigst nachzukommen. Der Makedonengeneral Krateros blieb zurück, um Nachschub und Proviant zu organisieren.

So marschierten Griechen und Makedonen hinter ihrem König durch den herabströmenden Regen, teils durch bebautes Land, teils große Strecken durch Dschungelgebiete mit ihrer fremden, wilden Tierwelt. Noch war die Armee siegreich. Die Stämme des Punjab um Sialkot und Amritsar, die heutige Hochburg der Sikhs, deren Vorfahren offenbar ebenso kriegerisch waren, wurden bei Übergabeverweigerung grausam vernichtet.

Aber die Moral sinkt von Tag zu Tag, und der Überdruß steigt. Bis zum letzten Mann hat sich die Nachricht herumgesprochen, daß sie im reichen Gangesland erneut eine Streitmacht erwarte, viel zahlreicher noch als die des Poros. Dort herrscht die Nanda-Dynastie von Maghada, und nicht 200, sondern 3000 Kriegselefanten bringe ihr König mit in die Schlacht. Das Kämpfen werde kein Ende nehmen!

Als der Heereszug den Hochwasser führenden Beas, griechisch Hyphasis, erreicht, den fünften und letzten der großen Induszuflüsse, ist es soweit: Bis hierher und nicht weiter. Die Soldaten verweigern dem König den Gehorsam! Der Aufruhr geht durch alle Zelte, und die Offiziere sind machtlos. Alexanders Rede, die doch immer verstanden hat, seine Krieger mitzureißen, das letzte an Anstrengung aus ihnen herauszuholen, vermag sie nicht mehr umzustimmen. Zum ersten und einzigen Male ist er der Besiegte, nicht in der Schlacht, sondern durch seine eigenen Makedonen und die Natur Indiens. Das Ende der Welt ist allzuweit! Unter dem lauten Jubel des Heeres ordnet der König die Umkehr an.

Es war sicher nicht nur die Verweigerung des Heeres, die Alexander diese Entscheidung treffen ließ, sondern die eigene politische Einsicht, daß dieses gewaltige Land sich nicht in seine Reichsvorstellung zwingen ließe. Sein Reich sollte ja nicht nur eine politische Einheit bilden, sondern seine Völker und Kulturen unter hellenischer Führung miteinander verschmelzen. Die unzähligen miteinander zerstrittenen Völker Indiens aber waren unter den gegebenen Umständen nicht einmal zu beherrschen. Alexander war bei all seinen kühnen, der Zeit weit vorauseilenden Ideen doch Realist genug, dies zu begreifen.

Nach Errichtung großer steinerner Altäre für die zwölf Götter und nach feierlichen Opfern zieht Alexander zurück zum Jhelum, um von dort aus sein nächstes Vorhaben in die Tat umzusetzen. Bereits nach der Schlacht gegen Poros hatte er den Auftrag gegeben, die für die Schiffsbrücke über den Indus gebauten Boote hierherbringen zu lassen und noch weitere herzustellen. Der Grieche Nearchos, erfahrener Admiral, war längst von Kleinasien hierher beordert worden, ebenso andere zur See erprobte Griechen und Phönizier. Zu Schiff über den Jhelum, den Ravi und den Sutlej, dann den Indus hinab wollte Alexander wenn schon nicht den östlichen, dann den südlichen Okeanos erreichen. Von dort sollte dann Nearchos mit der Flotte den Heimweg die Küste entlang in den Persisch-Arabischen Golf erkunden. Nur die Erschließung neuer und besserer Handelswege konnte eine feste wirtschaftliche Bindung zwischen Ost und West und damit die Dauerhaftigkeit seines Reiches garantieren. Flankiert von zwei Heeresabteilungen auf dem rechten und linken Ufer des Flusses, schiffte sich Alexander ein. Der Gelehrtenstab hatte Auftrag, sich nicht nur um die geographischen und topographischen Merkmale des Landes zu kümmern, sondern auch genaue Aufzeichnungen über Flora und Fauna anzufertigen, von denen uns leider nur noch wenige Fragmente erhalten sind.

Viele Monate dauerte die fast 2000 Kilometer lange Fahrt, erfüllt mit fortwährenden Kämpfen gegen die Stämme des Sindh, der Bewohner des Gebietes rechts und links des Sindhu, wie der altindische Name des Indus lautete. Alexander, oft genug in vorderster Front fechtend, erlitt eine lebensgefährliche Verletzung, als er Stadt und Burg der Maller erstürmte, wahrscheinlich das heutige Multan. Bei Patala, vielleicht in der Gegend von Haiderabad, war man im Indusdelta angelangt. Hier erlebten die Griechen zum ersten Mal das Phänomen von Ebbe und Flut. Der König ließ sich auf das offene Meer hinausfahren, um den Göttern, in erster Linie dem Meeresgott Poseidon, Opfer darzubringen.

Hier an den Ufern des Okeanos endet im Herbst 325 v. Chr. Alexanders indisches Abenteuer.

Von der makedonisch-griechischen Anwesenheit im Westen des indischen Subkontinentes gibt es kaum materielle Zeugnisse. Bereits wenige Jahre später, kurz nach Alexanders Tod in Babylon im Jahre 333 v. Chr., fallen die von ihm eroberten Gebiete an den indischen Fürsten Chandragupta aus dem Geschlecht der Maurya. Chandragupta, der Sandrokottos unserer griechischen Chronisten, war als junger Mann Gast am Hofe Alexanders gewesen. Von Pataliputra aus, dem heutigen Patna am Ganges, begründete er das erste indische Großreich.

Wir verlassen Alexander und sein Heer auf seinem mühseligen und gefahrvollen Rückweg. Zu weit sind wir von jenen Zeiten entfernt, um über Moral und Zweck des »Alexanderzuges« zu urteilen. Wir wollen nach seinen Folgen Ausschau halten. Oder sind der Makedonen Spuren verweht im Lauf der langen Geschichte?

Griechen und Buddhisten

Wir kehren noch einmal nach Takshashila zurück, Alexanders erster indischer Station. In Bhir Mound, der Stadt des 5. und 4. Jahrhunderts v. Chr., hatte er Taxiles zum Freund gewonnen und eine Garnison Soldaten zurückgelassen. Nur wenige hundert Meter entfernt entstand zu Beginn des 2. Jahrhunderts v. Chr. das neue Taxila, heute Sirkap genannt (Abb. 35). Auch diese Siedlung wurde von britischen Archäologen ausgegraben.

Sie bedeckt eine weite Fläche mit einer breiten, von Norden nach Süden verlaufenden Hauptstraße und im rechtwinkligen Raster davon abzweigenden Seitenstraßen. Auf dem Hügel über der

Unterstadt erhebt sich die Akropolis. Eine Stadtmauer mit einer Verblendung schöner Quadersteine (Abb. 39) und rechtwinkligen Wachtürmen umgab die Stadt, die mit ihrer ganzen Anlage den griechischen Städten des Mittelmeeres gleicht. Vor dem Haupttor erhebt sich ein Tempel von klassisch-griechischer Proportion mit schmaler rückwärtiger Halle und einer von Säulen getragenen Vorhalle vor der Cella, dem eigentlichen Kultraum für das Götterbild. Der gepflasterte Tempelumgang wird durch eine von Fensteröffnungen durchbrochene Mauer begrenzt anstelle der offenen Säulenstellung des griechischen Tempels, wie wir sie zum Beispiel von dem Athena-Tempel zu Priene an der Westküste Kleinasiens aus der Zeit Alexanders kennen. Es ist eine Abweichung, die im heißen Indien vielleicht vom Klima bestimmt wurde. Die Säulenkapitelle von Priene sind das direkte Vorbild der Säulenkapitelle von Taxila. Auch hier sind die Trommeln der Säulenschäfte mit Anathyrose versehen, das heißt, sie sind innen aufgerauht und nach außen mit geglätteter Fläche aufeinandergepaßt – eine sehr sorgfältige griechische Steinmetzarbeit. Die Anlagen des neuen Taxila und des Tempels gehen auf griechische Baumeister zurück, und Griechen waren es in der Tat, die hier 150 Jahre nach Alexander in Taxila herrschten. Sie waren die Nachfahren der makedonischen und griechischen Soldaten, Kaufleute und Verwaltungsbeamte, die Alexander während seines Eroberungszuges zwischen Samarkand und Kabul und im Indusland angesiedelt hatte. Sie hatten sich um 250 v. Chr. zum selbständigen Königreich Baktrien ausgerufen, und zu Beginn des 2. Jahrhunderts v. Chr. gelang es ihnen, die von Alexander einst unterworfenen Gebiete im Osten Afghanistans und im Nordwesten Indiens zurückzuerobern. Wie viele Orte es waren, in denen diese Griechen lebten, wissen wir nicht. Auch die alten Stadtgründungen Alexanders wie Nikäa, Boukephala, Patala und andere existierten weiter als griechisch-urbane Zentren bis in die ersten Jahrhunderte nach Christus. Das erfahren wir aus antiken Quellen. Griechisch bleibt die lingua franca ihrer Oberschicht, griechische Literatur, griechisches Drama und griechische Philosophie wurden an ihren Gymnasien gepflegt.

Griechische Götter wurden verehrt. Der Sockel für das Kultbild im Tempel von Taxila trug vielleicht das Bild des Zeus, vielleicht der Göttin Athena. Sie schmückt auch die Rückseite der Münzen des Griechenkönigs Menander. König und Retter nennt er sich auf ihnen. In der buddhistischen Literatur ist er als Förderer, möglicherweise sogar Anhänger dieser Religion überliefert unter seinem indischen Namen »Milinda«. Das »Milindapanha« – »Die Fragen des Königs Menander« – gehört in Burma, Ceylon und Thailand noch heute zu den kanonischen Schriften. Es ist eine Lehrabhandlung über die Natur der Seele. Einzigartig aber für eine buddhistische Lehrschrift ist ihre Stilform. Sie läßt sich am ehesten vergleichen mit platonischen Dialogen zwischen Sokrates und seinen Schülern. Es ist nicht ausgeschlossen, daß es sich ursprünglich um ein griechisches Buch handelte und Menanders Gesprächspartner Nagasena ein buddhistischer Mönch griechischer Abstammung war.

Es erstaunt nicht, daß der Buddhismus gerade im Nordwesten Indiens so stark Fuß fassen konnte, in einer Region, die seit Alexander zumeist unter Fremdherrschaft stand. Er war im Gegensatz zum exklusiven Kastenwesen des Hinduismus offen für jedermann, sein Charakteristikum war Toleranz gegen andere Sitten und Religionen.

Seit Generationen lebten die Griechen in fremdem Kulturkreis und hatten sich assimiliert, ebenso wie ihre Umwelt auch Griechisches übernommen hatte. In der Landschaft zwischen Kabul und dem Indusland, dem alten Gandhara, entstand ein Mischstil, dem wir auch in Taxila überall begegnen. Er wird als Gandharastil oder die Kunst von Gandhara bezeichnet.

Die Stupa, der überkuppelte indische Grabbau auf rechteckiger Basis, als Grabbau Buddhas zum Symbol für den großen Lehrer geworden, ist durch griechische Säulen, Pfeiler und Giebel gegliedert (Abb. 38). Daneben finden sich wieder indische Schmuckformen.

In den Läden und Werkstätten entlang der Hauptstraße saßen auch die Nachkommen der Griechen und Makedonen als Handwerker und fertigten Gegenstände für den Alltagsgebrauch, aber auch kostbare Gefäße.

Die große Stupa bei Peshawar aus dem 2. Jahrhundert n. Chr. enthielt ein Reliquienkästchen. Buddha bekrönt die Mitte des Deckels, und ringsum tragen nackte Eroten Girlanden, ein griechisch-römisches Motiv des Westens. Über den Girlanden jedoch sitzen die gläubigen Anhänger Buddhas. Die punzierte Inschrift sagt, daß Agesilaos, ein Grieche, es gemacht hat.

Vor der Zeitenwende hatte es dem gläubigen Buddhisten genügt, Buddha in Symbolen wie der Stupa, dem Lotos oder dem Rad zu verehren. Nach der Zeitenwende entstand das Bedürfnis nach einem Bild des Lehrers. Griechischer Gestaltungswille und die Fähigkeit höchster geistiger Sublimierung des Menschenbildes verband sich mit indischer Religiosität und schuf das Abbild des Buddha, wie es in

Form und Ikonographie in den buddhistischen Ländern Asiens bis heute überdauert hat.

Die schönsten Buddhaköpfe dieser griechisch-buddhistischen Kunst von Gandhara erinnern stark an Bilder des Gottes Apollon und dies nicht von ungefähr. Apollon war der Gott des Lichtes, der Gott des Maßhaltens, der Gott, der ähnlich wie Buddha, den Menschen aufforderte: Erkenne Dich selbst.

Karsten, Henner und ich sitzen auf den Mauerresten eines buddhistischen Klosters auf der einstigen Akropolis von Taxila. Unter uns erstreckt sich das weitläufige Gelände der Unterstadt, nur rechts und links der Hauptstraße ausgegraben. Die regelmäßigen Straßen und Häusergevierte sind von hier oben gut zu erkennen. Der Rest liegt unter Erdreich verborgen, darüber Felder und weidende Herden. Auch der Verlauf der Stadtmauer ist deutlich zu verfolgen, einzelne Teile stehen noch aufrecht. Sie stammen, wie die obersten Schichten der ganzen Stadt, aus einer späteren als der griechischen Periode. Denn Taxila wurde im 1. Jahrhundert n. Chr. durch ein Erdbeben zerstört. Linker Hand des Akropolisberges unter einer höheren Bodenaufschüttung verbirgt sich vermutlich das antike Theater, das wie das Gymnasium zu jeder Griechenstadt gehörte. Viel wäre hier noch zu tun, aber das kostet Geld, viel Geld über Jahrzehnte. Mit dem Ausgraben ist es nicht getan, die Ruinen müssen konserviert und ständig gepflegt und erhalten werden.

Ringsum auf allen Hügeln und Bergen standen einst Hunderte von buddhistischen Klöstern und Stupas, leuchtend bemalt, ihre goldenen Kuppeln in der Sonne glänzend.

Es ist Mittag. Eben hebt der Muezzim zum Gebetsruf an von einer der vier kleinen Minarette einer weißen Moschee, die sich als einziger Bau von dem Grün der die Ruinen säumenden Felder abhebt. »Allah Akbar«, Allah ist groß, und er ist der alleinige Gott im heutigen Taxila.

Wir steigen hinab, bummeln durch die lange Straße mit den vielen kleinen Läden nicht weit von Bhir Mound und dem Museum. Hier werden Buddhas aus Stein gemeißelt wie vor 2000 Jahren, nur nicht für fromme Pilger, sondern für Touristen: der große Meister als Reiseandenken. Etwas zweckentfremdet und verloren wird er in einer deutschen, amerikanischen oder japanischen Vitrine stehen.

Wir laufen an Bhir Mound vorbei in das Taxila unserer Tage. Zwischen den Häusern ein alter Hindutempel, verlassen, tot. Der Eingang ist vernagelt, keine bunten Blumenketten zum Opfer an Schiva oder Vischnu, kein Duft mehr nach Sandelholz. Nur der

Tempelturm aus grauem Stein ragt noch in den blauen Himmel, direkt daneben die Moschee. Die Götter wechseln mit den Zeiten.

Wir trinken Tee, essen und genießen dabei mit Augen und Ohren das Treiben auf der Straße nach der Stille der Ruinen.

Für mich ist es der letzte Tag in Pakistan, meine Maschine geht am folgenden Morgen. Karsten und Henner bleiben 24 Stunden länger und können sich noch Rawalpindi und Islamabad ansehen. Am Nachmittag suche ich im Museum von Taxila die Stücke heraus, die wir im Museumsgarten aufnehmen dürfen.

Zwei griechische Gefäßscherben sind darunter aus Alexanders Zeit. Als ob sie uns Späteren einen Fingerzeig auf ihren Besitzer geben wollten, ist die eine von ihnen unter dem Henkel mit einem Köpfchen verziert. Es trägt einen Löwenskalp als Helm, mit des Löwen Vordertatzen unter dem Kinn festgebunden. Ist es Alexander, der uns anblickt mit dem Löwenhelm des Herakles, dem er als seinem Ahnherrn nachzueifern bestrebt war (Abb. 36)? Oder ist es Herakles selbst (Abb. 40), der Alexander und seiner Makedonen Heer als Vorbild bis ins ferne Indien begleitet hatte, bis ans Ende der Welt?

3. Teil

Der Sohn des Gottes

Tiefblaues Meer, unendliche Küste, weiß flimmernd in der Sonnenhitze, unfruchtbar, eintönig, so weit das Auge reicht. Linker Hand der Straße von Alexandria zur libyschen Grenze, entlang der Marmarika-Küste, begleiten uns in einiger Entfernung Tafelberge aus Kalkgestein, kahl wie Mondberge auch sie. Da erhebt sich in dieser Einöde auf dem leicht ansteigenden Uferstreifen ein massiver, achteckiger Bau gleich einer mittelalterlichen Burg. Er ist Castel del Monte in Apulien, im Südosten Italiens, nachempfunden, der Burg des Stauferkaisers Friedrichs II. Die Mauern dieses Baus waren nie mit Leben erfüllt; sie sind vielmehr Mahn- und Erinnerungsmal an viele tausend Tote. Das deutsche Afrika-Korps erlitt hier bei El Alamein im Kampf um Ägypten seine entscheidende Niederlage.

Wir betreten den lichtdurchfluteten Innenhof. In den Nischen ringsum stehen zahlreiche Steintafeln, Name reiht sich unter Name, unzählige Opfer im Krieg eines Möchtegern-Welteroberers. Einige Kilometer weiter – die Straße verläuft nun in größerem Abstand zum Meer – ragen am Horizont die Grabmäler der Italiener und Briten in den blauen Himmel. Monotone Stille, 1942 erfüllt vom höllischen Lärm der Front, dem Aufheulen der Jagdbomber und den folgenden Detonationen, dem Geschützdonner der Flak, dem Rasseln der Panzer. Sterben unter einer heißen Wüstensonne, auf deutscher Seite unter dem Kommando eines genialen Feldherrn, geachtet und gefürchtet vom Feind, dem Wüstenfuchs Generalfeldmarschall Rommel. Durch seine Fähigkeit und seine charismatische Ausstrahlung errang er das unbedingte Vertrauen seiner Soldaten, ähnlich einem anderen Feldherrn, der 2300 Jahre zuvor durch diese libysche Wüste zog, auch er mit dem Willen, die Welt zu erobern: Alexander der Große. Kein Kriegslärm damals, nur das Dröhnen von Tausenden von Pferdehufen auf dem harten Küstenboden, vorbei am späteren Schlachtfeld von El Alamein nach Paraitonion, heute Marsa Matruh, kurz vor der Grenze zu Libyen.

Eine Kolonne ägyptischer Panzer rollt uns von dort entgegen, ihr äußerer Zustand nicht besser – so scheint mir – als der der Panzer des Zweiten Weltkrieges, die zur traurigen Erinnerung bei El Alamein stehengeblieben sind. Paraitonion war die letzte Station für Alexander vor dem 300 Kilometer langen Ritt nach Süden durch die Wüste zum Ammoneion, der Oase Siwa, Station auch für uns, die wir hier für den Besuch Siwas die Genehmigung der Militärverwaltung einholen müssen. Marsa Matruh und Siwa sind die weit vom Niltal entfernten ägyptischen Außenposten gegen Libyens unberechenbaren Gaddafi.

Im Hafenbecken liegen einige rostige Kähne, der Ort war nie von Bedeutung. Man lebt vom Militär.

Wir kaufen Decken, Konserven und Wasserkanister für die mindestens zweitägige Fahrt von Siwa quer durch die Wüste nach Osten über die Oasen Bahrija und Faijum ins Niltal zurück, den Weg, den mit Sicherheit auch Alexander eingeschlagen hatte. Zwei Jeeps habe ich hierfür in Kairo angemietet, die übermorgen in Siwa eintreffen sollen. Unser Iveco-Bus ist für eine Sandpiste nicht geeignet.

Nach Siwa fahren wir nun auf Asphaltstraße durch die flache nordlibysche Wüste, die so ganz anders ist, als man sich gemeinhin Wüste vorstellt. Hier gibt es keine Dünenlandschaft mit ihren Wellen aus Sand wie man sie zum Roten Meer und zum Sinai hin findet und weiter südlich in der Sahara. Auf den ganzen 300 Kilometern begegnen wir lediglich drei oder vier Wagen. Nur unser eigener Schatten begleitet uns unverdrossen. Der Satz eines Althistorikers zu Alexanders Zug nach Siwa kommt mir in den Sinn: »Ein Abenteuer, so recht nach Alexanders Geschmack!« Unsere Hauptquelle aus der Antike spricht – wie später bei der Erstürmung des Aornos – vom »Pothos«, der Alexander überkam, vom »Verlangen«, nach Siwa zu ziehen. Über Geschmack und Sehnsüchte kann man streiten, aber wer unter den damaligen Bedingungen weit über 1000 Kilometer durch die fast wasserlose Wüste ritt – auf den 300 Kilometern nach Siwa gab es in der Antike gerade drei kümmerliche Wasserstellen –, der mußte einen äußerst wichtigen Grund haben. Was also trieb Alexander, diese nicht ungefährliche Mühsal auf sich zu nehmen?

Durch die Wüste zur Oase Siwa

Nach der siegreichen Schlacht bei Issos im Jahre 333 v. Chr. gegen den persischen Großkönig Dareios hatten die Makedonen Syrien und Palästina eingenommen, nicht ohne Schwierigkeiten, denn die Städte Tyros und Gaza mußten bis zu ihrem Fall monatelang belagert werden. Der persische Statthalter von Ägypten aber hatte Alexander das Land und die Hauptstadt Memphis kampflos übergeben. Die Perser waren den Ägyptern verhaßt, mit den Griechen pflegte man dagegen seit langem gute Beziehungen; Alexander wurde als Befreier vom Perserjoch begrüßt. Er half der freundlichen Aufnahme mit reichen Geschenken und Stiftungen an die Tempel und Priesterschaft nach. Im riesigen Tempelbezirk des Reichsgottes Ptah in Memphis opferte er dem heiligen Apisstier und anderen ägyptischen Göttern, was die einflußreiche Priesterschaft der Hauptstadt zusätzlich geneigt machte, auf Alexanders Vorstellungen einzugehen.

Hier in Ägypten zeigte sich in den Jahren 332 und 331 v. Chr. zum ersten Male deutlich, welche Vorstellungen Alexander mit seiner Herrschaft und mit seinem Reich verband. Eineinhalb

Jahre später, nach dem Tode des Dareios in Iran, trat Alexander offiziell die legitime Nachfolge des persischen Großkönigs an, übernahm das königliche Feuer, den persischen Hofstil und ließ sich auf persische Weise huldigen. Aber zuvor zeigte sich in Ägypten die gleiche Tendenz: Alexander wollte auch hier nicht als makedonischer König, als fremder Eroberer regieren, sondern als ägyptischer Pharao, vom ganzen ägyptischen Volk als solcher anerkannt.

Seit zweieinhalb Jahrtausenden galt der Pharao als Nachfolger der in Vorzeiten das Land regierenden Götter, mußte vom obersten der Götter, dem Sonnengott Re, später vom Gott Amun-Re, als Sohn bestimmt und anerkannt sein.

Diese Gottessohnschaft muß man sich nicht als einen tatsächlichen Zeugungsakt des Gottes mit der Königin vorstellen, sondern als eine Art Adoption, durch die der noch nicht geborene Thronfolger wie ein leiblicher Sohn zum Erben und zum Stellvertreter des Gottes wurde. Der Pharao war und blieb in den Augen der Ägypter ein menschliches Wesen. Nur durch die Anerkennung seines Sohnschaftsverhältnisses zu Amun jedoch war gewährleistet, daß er die zur Erhaltung der kosmischen Ordnung und zum Wohl des Landes notwendigen Aufgaben der Regierung, der komplizierten Opfer und Riten mit Hilfe der Götter bewältigen konnte. Erst nach seinem Tode erhielt der Pharao göttliche Ehren.

Ich bin sicher, daß Alexander sich in dieser für ihn grundsätzlich wichtigen Angelegenheit in aller Ausführlichkeit von der memphitischen Priesterschaft unterrichten und beraten ließ. Für den fremden Eroberer aus Makedonien gab es nur eine Möglichkeit, die Anerkennung als Sohn des Amun zu erlangen, und zwar durch einen Orakelspruch des Gottes selbst. Damit aber kommt Siwa ins Spiel.

Amun war der Gott der Stadt Theben im Süden des Landes und hatte dort seit ältester Zeit Tempel und Orakel. Sollte Alexander also nach Theben ziehen? Zwei Gründe sprachen dagegen. Zum einen war sich die Priesterschaft in Memphis der Zustimmung, das heißt eines positiven Orakelspruches der eher fremdenfeindlichen, orthodoxen Priesterschaft von Theben nicht sicher. Zum anderen mußte Alexander sehr wohl Rücksicht nehmen auf die Gefühle seiner Makedonen und Griechen. Der Amun von Theben aber war ein rein ägyptischer Gott. Sollte der Makedonenkönig, der Sohn Philipps, nun Sohn einer völlig fremden Gottheit werden? Das wäre schwer zu verkraften gewesen, selbst bei der Überzeugungsgabe eines Alexander.

Als einzig möglicher Ausweg aus diesem Dilemma bot sich Siwa an, das Ammoneion. Dort existierte seit alter Zeit ein Orakeltempel des Amun. Einst von Theben begründet, unterstand er, trotz seiner Selbständigkeit im fernen Libyen, inzwischen der Priesterschaft des Ptahtempels von Memphis und war in hochbrisanten politischen Orakelfragen, wie der anstehenden, weisungsgebunden. Man konnte Alexander also versichern, der Gott werde sein Anliegen positiv beantworten.

Aber auch Alexander hatte sein Problem verkleinert. Bereits seit dem 6. Jahrhundert v. Chr. verehrten die Griechen im Amun von Siwa, den sie Ammon nannten, ihren obersten Gott Zeus als Zeus-Ammon. Sein Orakel war in der ganzen griechischen Welt hochberühmt.

Dorthin also machte sich Alexander auf. Teile seiner Armee waren in Syrien und Palästina stationiert, war Dareios ja noch lange nicht geschlagen und nur der schmale Küstenstreifen des Vorderen Orients in Alexanders Hand. Ein großer Teil des Heeres verblieb in der Hauptstadt Memphis. Aufgrund der logistischen Probleme auf den langen Strecken ohne Verproviantierungsmöglichkeit und Wasser nahm Alexander nur eine beschränkte Anzahl Kavallerie mit sich, vielleicht 2000 bis 3000 Mann. Mit kriegerischen Auseinandersetzungen war unterwegs nicht zu rechnen. Der Küstenstreifen bis Paraitonion war kaum besiedelt, vielleicht von einigen wenigen Viehzüchtern. Und die große libysche Wüste, die sich unendlich nach Westen erstreckte? Sie galt dem Ägypter als das Ende der Welt, das Reich der Toten. Ein gewagtes Unternehmen trotzdem, denn man war auf einheimische Führer angewiesen, die die wenigen Brunnen und die Wege kannten.

»Auf den Spuren der Zeussöhne Herakles und Perseus ziehen wir zum Zeus-Ammon«, so – ähnlich wie später in Indien – lauteten Alexanders Propaganda und Ansporn für die Reiterschar, die gleichzeitig auch Vorbereitungen auf das Orakelereignis waren, durch das ja auch Alexander Anerkennung als Sohn des Zeus-Ammon erwartete. Dramatisches, geradezu Wunderbares berichten die Chronisten vom Zug nach Siwa: Ein Sandsturm verwehte die Spuren, die Führer verirrten sich; da schickte Gott Ammon selbst Errettung in Gestalt zweier Schlangen, die dem Heer voranzogen und es sicher nach Siwa geleiteten.

Zehn Tage mindestens wird Alexander von Paraitonion aus benötigt haben, während wir in unserem Bus bereits nach viereinhalb Stunden am Horizont Kalksteinhügel auftauchen sehen. In weitem Kreis von ihnen gerahmt, erblicken wir in der Senke unter uns gleich einer Fata Morgana die Oase, bizarre Kalksteinkegel in ihrer Mitte, umrahmt von einem grünen Meer von Dattelpalmen; ein blauer See schimmert herauf. »Insel der Seligen« nannten die Griechen die ägyptischen Oasen. Nach tage-, ja wochenlangem Marsch durch die heiße, wasserlose Trostlosigkeit muß Siwa dem erschöpften Reisenden wie ein Paradies erschienen sein, tatsächlich wie eine »Insel der Seligen«, und auch wir können uns ihrem ersten Zauber nicht so bald entziehen.

Schnelle Boten aus Memphis haben vorauseilend die Ankunft des Makedonenkönigs und sein Anliegen im Ammoneion angekündigt. So werden Alexander und seine Reiterschar gebührend empfangen vom König der Oase, einem libyschen Oberhäuptling, als solcher ausgezeichnet mit einer Feder als Kopfputz. Während die Soldaten nicht weit vom Tempel des Zeus-Ammon das Lager aufschlagen, suchen wir uns in dem kleinen, sauberen Hotel am Eingang des Hauptortes Shālī eine Unterkunft, nahe den Kasernen der jetzigen Soldaten, die ähnlich wie in Marsa Matruh ein wenig Leben und Verdienstmöglichkeit hierher gebracht haben.

Das Orakel des Zeus-Ammon

Noch während seine Leute das Lager errichteten, eilte Alexander mit dem Oasenkönig, der zugleich der Hohepriester des Orakeltempels war, zum Ammoneion. Wir folgen ihm.

Einige Kilometer von Shālī entfernt, erhebt sich der kleine Tempelhügel von Aghurmi. Wir treten durch die alte, in ihren Angeln knarrende, hölzerne Türe am Fuße des Hügels in einen überdeckten Gang, das ehemalige Stadttor. Dahinter öffnet sich der Blick auf die Ruinen der hier wohl im frühen Mittelalter entstandenen Stadt. Von ihren teils hoch anstehenden Trümmern gesäumt, steht auf der Spitze des Hügels der gut erhaltene Tempel des Zeus-Ammon (Abb. 42). Wir wenden uns nach links und verhalten unsere Schritte am tief gemauerten Brunnen, der noch aus antiker Zeit stammt. An ihm hat Alexander im Beisein der Priesterschaft die rituelle Reinigung vollzogen, bevor er zum Hause des Gottes emporstieg, einem kleinen, schlichten Bau mit einem offenen Vorhof und zwei gedeckten Vorhallen. Nach den Bauwerken des Niltales, den alle Maße sprengenden gewaltigen

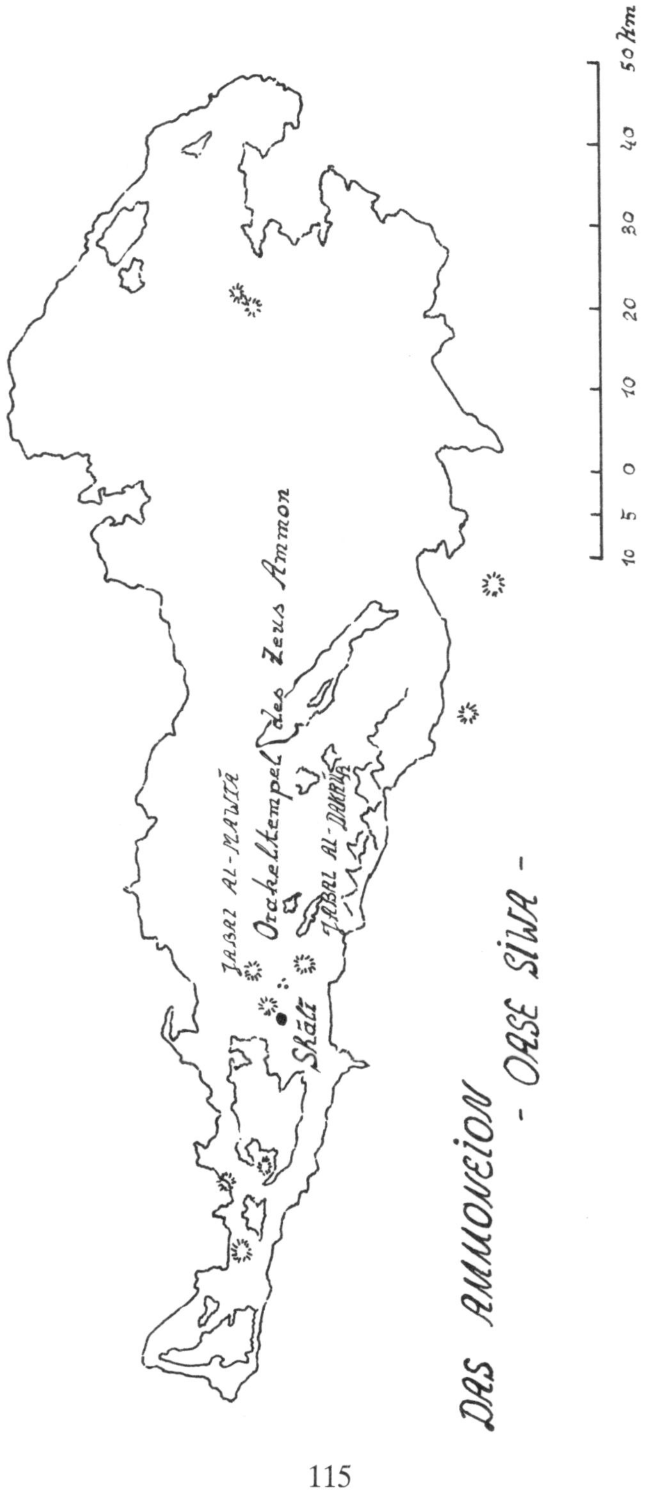
DAS AMMONEION
- OASE SIWA -
Orakeltempel des Zeus Ammon
JABAL AL-MAWTĀ
JABAL AL-DAKRŪR
Shāli
10 5 0 10 20 30 40 50 km

Tempeln und Palästen von Memphis, mag Alexander das Ammoneion vertraut berührt haben mit seinem in griechischer Steintechnik ausgeführten Mauerwerk und den zwei die Türnische flankierenden griechischen Halbsäulen, von denen eine sich heute noch am ursprünglichen Ort befindet. Griechische Baumeister aus der 600 Kilometer nordwestlich gelegenen griechischen Küstenkolonie Kyrene hatten den Tempel um 570 v. Chr. im Auftrag der Oasenpriesterschaft aus Stein errichtet. Das alte Heiligtum war wahrscheinlich eine einfache Konstruktion aus Salztonschollen, Matten und Holz gewesen in der noch heute üblichen heimischen Bauweise.

Nach Durchschreiten der inneren Hallen öffnete sich vor Alexander das Allerheiligste, der Raum mit dem Kultbild des Zeus-Ammon in Menschengestalt. Nun ließ man Alexander allein, der laut seine Frage oder Fragen an das Götterbild richtete.

Die ägyptische Orakelpraxis war eine andere als die der griechischen Orakelstätten, deren berühmteste das Apollonorakel von Delphi war. In Delphi ließ der Gott seine Antwort durch den Mund seiner in Trance geratenden Priesterin, der Pythia, verkünden, und ihre rätselhaften Verse wurden anschließend von der Priesterschaft für den Besucher in verständliche Worte gefaßt. Staatsmänner und Könige suchten hier Rat. Der politische Einfluß Delphis war daher zur Blütezeit des Orakels groß. Beim ägyptischen Orakel dagegen blieb der Gott stumm. Die Antworten des Gottes wurden dem Frager von der Priesterschaft schriftlich überreicht. Wie aber erhielten die Priester Kenntnis vom Inhalt der Fragen?

Die bauhistorischen Untersuchungen am Ammon-Tempel erbrachten die höchst einfache Lösung: Wir kriechen durch ein in späterer Zeit geschlagenes Loch in der Mauer neben dem Kultraum und stehen in einem schmalen Gang, einem Geheimgang, der hinter der Ost- und Nordwand des Raumes umläuft. Von dort erreichte der in Alexanders Fall der griechischen Sprache kundige Lauscher mittels einer Leiter sein Lauschversteck, eine kleine geheime Kammer über der Decke des Allerheiligsten, von wo aus er alles mithören konnte. Während Alexander am Brunnen seine Reinigung vornahm, hatte der Horcher seinen Platz eingenommen. Während man Alexander nach der Befragung mit weiteren Zeremonien aufhielt, eilte er durch einen ebenfalls wieder aufgefundenen Schacht hinab zu einer geheimen Felsenkammer unter dem Tempel, wo die Antworten in ägyptischer Sprache zu Papier gebracht wurden. Danach wurde der König in den Verkündigungsraum geführt, wo ihn der Oberpriester bereits als »Sohn des Ammon« begrüßte und ihm die Antworten des Gottes überreichte.

Welche Fragen Alexander noch gestellt hatte außer der wichtigsten nach seiner Sohnschaft von Ammon und seiner damit verbundenen Legitimation als Pharao, wissen wir nicht zu sagen. Der König schwieg und schrieb lediglich seiner Mutter Olympias darüber in einem Brief. Bald schon verbreitete sich das Gerücht, Ammon habe Alexander berichtet, er selbst habe in Gestalt einer Schlange der Königin Olympias beigewohnt, habe also Alexander selbst gezeugt. Alexander – so schlossen manche der alten Kampfgefährten Philipps – verleugne seinen eigenen Vater.

Diese Zeugungsgeschichte spiegelt nicht die ägyptische, sondern die griechische Vorstellungswelt wider, pflegte Zeus doch in mancherlei Gestalt irdischen Frauen beizuwohnen und hatte so den Herakles, Perseus und Dionysos gezeugt. Die ganz anders geartete Gottessohnschaft des ägyptischen Pharao war Griechen und Makedonen fremd. Warum schwieg Alexander auch dazu, dem der Unterschied doch wohl bewußt war? Hing sein Schweigen mit seinem gebrochenen Verhältnis zu Philipp zusammen? Oder hoffte er insgeheim, doch auf Dauer von Griechen und Makedonen wie sein Stammvater Herakles als Zeussohn göttliche Ehren zu erhalten? Hatte er nicht auch wie dieser im Verlauf der letzten Jahre übermenschliche Leistungen vollbracht?

Wir verlassen den Bereich der Spekulationen und den Tempel des Zeus-Ammon, vor dessen Toren am folgenden Tag ein buntes Spektakel stattfand: Die Barkenprozession.

Nur Königen war die persönliche Befragung des Gottes in seinem Allerheiligsten erlaubt. Den normalen Sterblichen, Pilgern und Gesandtschaften erteilte Ammon seine Antwort bei einer dazu veranstalteten Prozession, bei der das Kultbild auf einer Barke von Aghurmi über eine Prozessionsstraße zu einem zweiten, nur einige hundert Meter im Süden gelegenen Tempel des Gottes getragen wurde. Bei dieser Gelegenheit war die ganze Oase auf den Beinen und säumte den Weg der Barke. Begleitet wurde der feierliche Umzug von hymnischen Gesängen einer Schar Frauen, dem offenbar sehr zahlreichen Harem des Oasenkönigs. Sein Palast, der Haremsbezirk und die Gebäude seiner Palastwache lagen ebenfalls auf Aghurmi in unmittelbarer Nachbarschaft des Orakeltempels, als dessen Oberpriester der Oasenkönig fungierte.

Die Orakelfragen, die dem Gott auf der Barke von den Besuchern laut zugerufen wurden, mußten so formuliert sein, daß sie mit Ja oder Nein beantwortet werden konnten. Durch Nicken – so ist uns überliefert – gab der Gott Zustimmung, durch Rückwärtsbewegung hingegen seine Verneinung kund. Ein gutes Zusammenspiel der priesterlichen Barkenträger muß man da wohl voraussetzen. In jedem Falle mußte mindestens einer von ihnen des Griechischen mächtig sein, kamen doch die meisten Pilger und Gesandtschaften aus Kyrene und anderen Griechenstädten.

Nun nahmen auch Alexanders Soldaten an der Barkenprozession teil, und manch einer mag die Gelegenheit wahrgenommen haben, das Orakel zu befragen. Ob vor dem Heer, also in aller Öffentlichkeit, noch einmal die Frage nach Alexanders Sohnesverhältnis zu Ammon gestellt wurde, wissen wir nicht.

Von der alten Prozessionsstraße sind keine Reste erhalten. Wir betrachten die einzig stehengebliebene Wand des zweiten Tempels von Umm 'Ubaydah, zu dem das Bild des menschengestaltigen Zeus-Ammon gebracht wurde. Das vielgestaltige ägyptische Götterpantheon zieht auf Reliefbändern an uns vorbei. Wenamun heißt der Oasenkönig, der hier an der Tempelwand dem Amun opfert. Der Gott wird hier aber nicht wie auf Aghurmi mit menschlichen Zügen abgebildet, sondern in seiner widderköpfigen Gestalt verehrt. Die Griechen hatten die unterschiedlichen Erscheinungen des Gottes von Siwa in ihrer Darstellungsform kombiniert. Zeus-Ammon wird schon früh auf griechischen Münzen mit menschlichem Antlitz, aber Widderhörnern über den Schläfen abgebildet. Ebenso erscheint auch das Portrait Alexanders nach seinem Tode auf ägyptischen Münzen mit den Widderhörnern seines Vaters Ammon.

Die Totenkammer des Siamun

Karsten hat Aghurmi und Umm 'Ubaydah auf den Film gebannt. Die Sonne neigt sich im Westen, die Farben werden tiefer und wärmer. Wir wollen den Sonnenuntergang genießen und fahren Richtung Westen bis ans Ende der Oase, wo sich große Dünen gebildet haben. Schroff und unvermittelt geht hier kultiviertes Land in Wüste über. Einige Oasenbewohner schneiden noch Futter für ihre Tiere. Gegen Osten über dem ruhigen See ragen die bizarren Kegel von Shālī und Jabal al-Mawtā auf. Ein leichter

Wind bewegt die Palmkronen. Hin und wieder tönt das Geschrei eines Esels herüber, Abendstimmung wie vor Jahrtausenden, als der Gott Zeus-Ammon das Leben in der Oase beherrschte (Abb. 41).

Aber das moderne Ägypten, zu dem auch Siwa heute gehört, stört unsere friedliche Stimmung. Vor unserem Hotel ist eine Gruppe Touristen mit Rucksäcken, Taschen und Schlafsäcken angekommen. Daneben steht ein kleiner Zwei-Mann-Jeep. »Hassan«, stellt sich ein forsch-fescher Ägypter im Safarilook vor. Er habe mir den bestellten Jeep gebracht und übernehme für seine »Abenteuerreise durch die Wüste« für seine Gruppe unseren Iveco-Bus. Viel ist man ja in Ägypten gewöhnt an Unzuverlässigkeit, aber bei dieser Unverfrorenheit bleibt mir zum ersten Male die Spucke weg! Vielleicht habe ich ihn falsch verstanden? Nein, nein, das habe so seine Richtigkeit. Wir könnten uns ja im Konvoi mit dem Jeep seiner Gruppe nach Bahrija anschließen! Mit dem Iveco Hunderte von Kilometern über eine gottverlassene Sandpiste und wir zu viert mit 14 Kamerakoffern im Zwei-Mann-Jeep hinterher? Der Mann ist wahnsinnig, und so lasse ich mich auf keine Diskussion mehr ein. Moharrem, unser Fahrer, erhält Anweisung, den Bus nicht aus den Augen zu lassen und sich keine zwei Meter vom Hotel zu entfernen.

Die Touristen sind sauer, nicht auf den Veranstalter, dem sie bereits gutes Geld gezahlt haben für ihr Wüstenabenteuer, nicht auf Hassan, der sie als Subunternehmer ebenfalls betrügt, nein, auf mich, die ich unseren Bus nicht freiwillig hergeben will! Und dabei tue ich dies doch auch zu ihrer eigenen Sicherheit! Ich rate ihnen, sich im Hotel für die Nacht einzuquartieren; aber das Hotel ist im Preis nicht inbegriffen, sondern ein Nachtlager in der Wüste. Nach dem Abendessen sitzen alle immer noch in der Lobby herum. Merkwürdig! Am nächsten Morgen wissen wir mehr: Moharrem erscheint nicht zum Frühstück, der Iveco steht nicht mehr vor dem Hotel, auch der Minijeep ist verschwunden. Uns stört das nicht weiter. Hier in Siwa, auch für den Rückweg am Abend nach Marsah Matruh und weiter nach Kairo gibt es Taxis genug. Die Wüstenfahrt habe ich gedanklich bereits ad acta gelegt. Lediglich um die Touristen im Iveco-Bus mache ich mir Sorgen.

Aber unser eigenes Programm geht vor: der Jabal al-Mawtā, der Berg der Toten. Von unzähligen Grabkammern durchsiebt, sieht er aus wie ein Schweizer Käse. Ahmad, der Wächter, schließt uns das Grab auf, dessentwegen wir hier zu Fuß hinaufgelaufen sind: die Totenkammer des Siamun.

Britische Soldaten, die hier im Berg der Toten im Zweiten

Weltkrieg Unterschlupf gefunden hatten, entdeckten das bis dahin noch unversehrte Grab. Zeit hatten sie offensichtlich genug und mit ihr nichts Besseres im Sinn, als große Teile der herrlichen Wandmalereien als Andenken für die Heimat herauszuschlagen. Malerei von solch hoher Qualität ist auch im Niltal kaum zu finden. Siamun muß sehr wohlhabend gewesen sein, um sich einen der besten Künstler Ägyptens bis nach Siwa kommen zu lassen.

Siamun, und dies macht ihn für unser Thema interessant, muß nach dem Stil der Malerei etwa um die Zeit Alexanders gelebt haben. Er gibt den Wissenschaftlern noch Rätsel auf: Sein Name, Siamun, Sohn des Amun, weist auf seine Herkunft aus der Oase hin. Auch der Inhalt der Darstellungen gibt ausschließlich den ägyptischen Totenglauben wieder. Er selbst aber hat sich mit ganz unägyptischer Haar- und Barttracht malen lassen, gleicht darin viel eher einem Griechen. Sein kleiner Sohn, der in einer anderen Szene vor dem toten Vater in Gestalt des Gottes Osiris steht, trägt eindeutig eine Chlamys, ein griechisches Mäntelchen. Vorläufig ist der Phantasie für eine Erklärung Spielraum gegeben.

Auch wenn unsere Überlieferung wie über viele andere Ereignisse schweigt, bin ich überzeugt, daß Alexander sich nach dem für ihn so günstigen Orakelspruch dem Tempel in seiner großzügigen Weise erkenntlich gezeigt hat. Sicher ergriff er Maßnahmen, die eine häufigere Befragung des Ammonorakels auch von Ägypten, vom Niltale her förderten und erleichterten. Vielleicht wurde sogar im Rahmen der memphitischen Priesterschaft des Ptahtempels eine vom König durch Stiftung unterhaltene Beamtenschaft eingesetzt, die für die Belange des Ammoneion und seine Förderung zuständig war. Floß dadurch mehr Geld an die Familien von Siwa? Erklärt sich durch diese engere Bindung an Memphis, daß Siamun die griechische Haar- und Barttracht der neuen Herrscher des Niltales übernahm und seinen Sohn nach griechischer Mode kleidete?

Wir haben wieder spekuliert, jetzt geht es an die Arbeit. Karsten stellt sein Stativ auf. »Fotografieren nicht gestattet«, ruft da Ahmad streng und nichts kann ihn umstimmen, weder unser offizielles Genehmigungspapier noch inoffizielle Scheinchen. Ahmad ist unbestechlich.

Da hilft nur eines: Keine Zeit verlieren! Karsten und Henner werden die unfreiwillige Pause nützen, um ein wenig Oasenleben zu filmen. Ich bitte Ahmad, mich zum örtlichen Vertreter der ägyptischen Antikenverwaltung zu begleiten, einem sehr reizenden

Ägyptologen, der offensichtlich seine Versetzung nach Siwa nicht als Aufenthalt auf einer »Insel der Seligen« empfindet, sondern als Strafe Allahs, vertreten durch den Generaldirektor in Kairo. Er bestätigt Ahmad. Alles dürfe ich in Siwa filmen, mit Ausnahme des Militärs und des Siamun. »Alles« nützt mir jedoch nichts. Bei Cola und Tee rede ich mir über eine Stunde den Mund wund, bis wir schließlich einen Kompromiß gefunden haben: Ich darf filmen, aber ohne Lampen. Man möchte sich der Ausländerin gegenüber hilfreich zeigen – sie ist ja auch Kollegin – und sie außerdem endlich los sein. Die Aufnahmen im Dämmerlicht des Grabes würden unmöglich verwertbar sein können.

Das aber hängt nun von Karsten und Henner ab. Wir haben zwei Alureflektoren mit, so kann Henner mit dem einen das Sonnenlicht von außen auf den innen aufgestellten Reflektor spiegeln oder – wo möglich – direkt auf die Wände mit ihrer Malerei. Ahmad hat pflichtbewußt überprüft, ob keine Lampen mitgenommen wurden, und folgt mir dann vor das Grab, wo ich mein Bestes tue, ihn abzulenken. Kaum sind Henner und Karsten nach einer Stunde fertig, erscheinen zwei Japaner, behängt mit Fotoapparaten. Aber Ahmad waltet seines Amtes: »Fotografieren nicht erlaubt«, während wir unter ihrem ungläubig erstaunten Blick unsere Kameraausrüstung zusammenpacken.

Vor dem Hotel – es ist kaum zu fassen – parkt unser Bus, daneben schuldbewußt und völlig erschöpft unser Fahrer Moharrem. Wo sind die Touristen? Die sitzen nicht weit vom Salzsee im Osten der Oase mitten in den Sanddünen! Er habe Hassan helfen wollen. Also habe man, nachdem wir schlafen gegangen waren, die Touristen in den Iveco geladen. Hassan sei mit dem Jeep vorausgefahren, habe aber im Dunkeln den Weg nicht gefunden. Daraufhin sei man mit dem Bus dreimal im Sand steckengeblieben, und die Touristen hätten helfen müssen, in stundenlanger Mühe das Auto jeweils wieder frei zu bekommen. Dann sei gar nichts mehr gegangen, und sie hätten die Touristen mit ihren Schlafsäcken gegen Morgen einfach in der Wüste sitzenlassen. Hassan und er seien unter größten Strapazen um die Mittagszeit wieder in Siwa angelangt. Hassan bemühe sich gerade, Autos zu finden, um seine Leute, die ohne Verpflegung und sicher ohne genügend Wasser in der prallen Sonne säßen, zurückzuholen.

Wir trinken einen Tee im Ortszentrum. Der Ortsvorsteher setzt sich zu uns. Er hatte Hassan zwei Autos besorgt. »Der Mann hat keine Ahnung von der Gegend«, erklärt er uns, »der richtige Weg zum Salzsee bietet keinerlei Schwierigkeiten.« In zwei bis drei Tagen könne er uns zwei anständige Jeeps für die Fahrt nach Bahrija und ins Faijum besorgen. Aber aus drei könnten hier vier oder fünf Tage werden, und unsere Zeit läuft weiter, leider!

Vor den Haustüren im Halbschatten der schmalen Vordächer hält die männliche Einwohnerschaft Siwas dösend ihren Mittagsschlaf. Einige bis auf die Augen schwarz eingewickelte Gestalten gehen über den leeren Platz; ein Eselkarren stört mit seinem Geratter die Mittagsruhe. Wir kaufen uns nach unserer Siesta ein Kilo Datteln. Von ihnen hat die Oase seit alters gelebt. Hunderte von Quellen sprudeln in Siwa aus dem Boden. Noch jetzt sind es 281 solcher Quellbrunnen, welche die Dattelpalmenhaine bewässern. Als Wunder galt Ayn al-Gūbah, die Sonnenquelle (Abb. 43). Von einem sauber gemauerten Rund eingefaßt liegt sie unmittelbar südlich des Amun-Tempels von Umm 'Ubaydah und war sicher in den Kult mit einbezogen. Wundersame Dinge erzählte man sich von ihr: Am frühen Morgen sei ihr Wasser lau, kühle dann ab, bis es um die Mittagszeit eiskalt sei, so daß man am besten die Felder bewässern könne. Die Temperatur steige wieder an, und um Mitternacht begänne das Wasser heftig zu kochen. Nicht die Wasser-, sondern die Lufttemperatur wechselt so stark in der Oase. Immerhin trug diese Wundergeschichte als Erklärung für die ständig aus unterirdischen Felsspalten in Blasen aufsteigenden Gase der Sonnenquelle zum Ruhme des Ammoneion bei. In »Ammonium« und »Ammoniak« hat sich der Name der Oase sogar bis heute erhalten. Antike Autoren berichten, daß das Ammoniakharz, das bei der Einbalsamierung verwendet wurde, beim Tempel des Zeus-Ammon gewonnen worden sei und deshalb nach ihm heiße.

Bis vor nicht allzu langer Zeit pflegten die Bräute am Nachmittag ihres Hochzeitstages in der Sonnenquelle zu baden. Die Hochzeitsgewänder der Frauen von Siwa sind besonders reich in Gold auf Schwarz oder Weiß bestickt. Auch sonst legen die Frauen von Siwa wert auf Kleidung und Schmuck. Nur auf der Straße schützt man sich vor den Blicken fremder Männer mit dem riesigen schwarzen Umschlagtuch. Die traditionelle Frisur der Oasenbewohnerinnen bestand in vielen kleinen geflochtenen Zöpfchen. Sie trugen reichen Kopfschmuck, Hals- und Ohrgehänge aus Silber, von Silberschmieden am Ort in einem ganz eigenen Stil gefertigt. Silberschmiede gibt es in Siwa nicht mehr, die Männer bringen modernen Schmuck von ihren Fahrten ins Niltal mit, aus Gold und wahrscheinlich auch schon aus Plastik.

Die Sitten und alten Traditionen sind in den letzten drei Jahrzehnten trotz konservativer Einstellung der Oasenbewohner mit dem Einbruch von Auto, Radio und Fernsehen wie überall starkem Wandel unterworfen. Die moderne Technik und das hier stationierte Militär lassen die Staatsgewalt vom Nil unmittelbar spüren, während man doch bis zu Beginn des Jahrhunderts mehr oder weniger sich selbst überlassen war.

Viele Fremde haben sich in Siwa nie aufgehalten. In der Antike gehörte das meiste Land dem Oasenkönig und damit dem Orakeltempel. Zwar hat Siwa Wasser mehr als genug, aber das ist für den Getreideanbau gar nicht günstig, zumal die Oase in einer Senke liegt und das ständig nötige Entwässern große Schwierigkeiten bereitet. Aus diesem Grunde auch begannen die Böden bereits im Altertum zu versalzen, so daß Getreide, vor allem Gerste, für mehr als 1200 Personen kaum zu ernten war. Hauptnahrungsmittel ist und war die Dattel. Ihre unterschiedlichen Sorten sind das Hauptexportgut von Siwa. 250000 Dattelpalmen stehen in den eingezäunten Gärten, von den »Sa'īdī«, der besten Sorte, bis zu den »Izzāwī«, die nur an die Esel verfüttert werden. Aber der Palmbaum, seit dem 4. Jahrtausend v. Chr. auf ägyptischen Darstellungen zu finden, bietet mehr als nur seine Früchte: Holz für Deckenbalken und Türen und die Blätter für Matten, Teller und wunderschöne Körbe. Der Palmsaft ergibt das Lieblingsgetränk »Labgī«. Der Dattelwein ist gesetzlich verboten. Ihm wurde aber nach den Berichten bis vor einigen Jahrzehnten heftig und gerne zugesprochen.

Für einen gewissen Aufschwung und größeren Zuzug in der Antike gab das Grab des Siamun Anhaltspunkte. Zeugnis hierfür sind auch Inschriften in dem Kalkfelsen vom Jabal al-Dakrūr, der unmittelbar südlich von Aghurmi und Umm 'Ubayda das Kulturland begrenzt. Paideas, ein Steinmetz, Philon und Hermon, zwei Wachsmaler, und andere haben hier ihre Namen verewigt (Abb. 44). Griechische Handwerker waren es, die durch eine größere Anzahl Pilger Brot und Verdienst fanden, stifteten doch die Orakelbesucher dem Gott zum Dank Weihgeschenke in den Tempel.

Vom Jabal al-Dakrūr schweift der Blick noch einmal über das grüne Zentrum der Oase mit ihren Kalksteinkegeln und den Tempelruinen und über den See nach Osten, wohin in einer Wolke aufgewirbelten Sandes Alexander und sein Reiterheer den Augen der Oasenbewohner entschwanden auf ihrem Rückweg durch die endlose Wüste, in der zwei Jahrhunderte vor den Makedonen eine ganze Armee unterging, spurlos verschwand, sozusagen mit Mann und Maus. 50 000 Soldaten hatte Kambyses, persischer Großkönig und Sohn Kyros' des Großen, vom Niltal nach Siwa geschickt, den Tempel des Amun zu zerstören und die Oasenbewohner in die Sklaverei zu verkaufen. Nach Herodot, dem griechischen Geschichtsschreiber des 5. Jahrhunderts v. Chr., erzählten die Ammonier, auf halbem Wege habe ein gewaltiger Sandsturm von Süden die Krieger beim Mittagsmahl überrascht und einen riesigen Hügel aus Sand über ihnen aufgetürmt, unter dem sie für immer begraben blieben. Viele haben im Lauf der Jahrhunderte versucht, den Ort des Unglücks und die verlorene Armee zu finden, in neuester Zeit mit Hilfe von Auto und Flugzeug. Welch unglaubliche Schätze warten auf den glücklichen Entdecker! Denn es ist nicht unwahrscheinlich, daß sich unter dem trockenen Sand Rüstungen und Waffen, Pferdegeschirr und persönliche Gegenstände von 50 000 persischen Soldaten erhalten haben, die Kriegskasse nicht zu vergessen!

Memphis, Stadt der Pharaonen

Alexander erreichte wohlbehalten den Nil und die Hauptstadt Memphis, wo für den Sohn des Amun und rechtmäßigen Pharao die Krönungsfeierlichkeiten im Ptahtempel stattfanden.

In einem trüben Sumpf, eingerahmt von den Häusern des Dorfes Mitrahina, liegen die spärlichen Überreste des einst gewaltigen Tempelbaues mit vier mächtigen Pylonen, den Torbauten an allen vier Himmelsrichtungen, mit weiten Höfen und Säulenhallen (Abb. 45). Die Wände und Decken waren mit farbigen Reliefs und Hieroglyphen-Inschriften verziert.

Der Reisende, der neben Kairo und den Pyramiden von Gizeh vor allem die Bauwerke Mittel- und Oberägyptens bewundert, muß in Memphis vor seinem geistigen Auge Tempelanlagen wiedererstehen lassen, wie er sie von Luxor und Karnak kennt.

Memphis war schon die Hauptstadt des Alten Reiches gewesen, die »Weiße Mauer« genannt, am Schnittpunkt zwischen Ober- und Unterägypten gelegen, zwischen Delta und Niltal. Memphis blieb Hauptstadt und Ort der Krönungszeremonie bis in die Spätzeit, auch wenn zwischenzeitlich Theben als Stadt des Amun die Rolle des religiösen Zentrums übernahm und der Regierungssitz kurzzeitig nach Mittelägypten oder ins Delta verlegt wurde. Memphis war und blieb die herrschende Metropole. Memphis, das war in der Antike gleichbedeutend mit Ägypten, eine Stadt, die aufgrund ihrer uralten Kulte und als Ort der Krönung einerseits traditionsverhaftet und konservativ war, andererseits aber kosmopolitisch wie keine andere.

Schon früh lebten hier Fremde und besonders im 1. Jahrtausend v. Chr. wohnten zahlreiche Phönizier, Syrer, Juden, Libyer, Karer und Griechen von überall her als Söldner oder Kaufleute in ihren Mauern. Nach der Eroberung durch das Perserreich kamen noch Iraner hinzu. Jede Volksgruppe hatte ihr eigenes Viertel und verehrte dort ihre eigenen Götter.

Im Gegensatz zu heute floß in der Antike der Nil an der Stadt vorbei und trennte Kulturland von Wüste. Im Hafen lagen zahlreiche Schiffe, die Flußboote, die Richtung Süden bis Nubien hinunterfuhren, und die größeren Seeschiffe, die die großen Häfen des Mittelmeeres anliefen; am Ufer erstreckten sich Warenlager und Kontore. Der Umfang der Stadt betrug 13 Kilometer in der Länge und 4,5 Kilometer in der Breite, die Vororte nicht eingerechnet. Die Internationalität und religiöse Toleranz der Großstadt Memphis inspirierte den Makedonenkönig auch für seine eigenen Städtegründungen im Verlaufe seines Eroberungszuges.

Im Tempel des Reichsgottes Ptah also wurde Alexander gekrönt. Der Alabastersphinx schaute leicht lächelnd über den neuen Pharao hinweg in die Ferne. Er hatte schon so viele von ihnen vorbeiziehen sehen. Unbewegt von Zeiten und Menschen lächelt er noch heute in dem kleinen Museumsgarten über die Touristen hinweg, die um seine Tatzen wimmeln.

Im Museum liegt die Hauptattraktion des heutigen Memphis, eine Kolossalstatue Ramses II., des großen Pharao des Neuen Reiches, der zwar seinen Regierungssitz in das Delta verlegte, aber im Ptahtempel neue Bauten errichten ließ, deren Torpfeiler seine Statuen schmückten.

Wie nach jeder Etappe seines Eroberungszuges und wie an allen Orten, an denen Alexander länger weilte, veranstaltete er Wettkämpfe. Der Wettkampf, der Agon, war das Lebenselixier aller Griechen. Die sportlichen Disziplinen wurden sicher vor den Toren der Stadt ausgetragen, denn man brauchte Raum für die Wagenrennen und die Läufer. Aber der musische Wettstreit in Musik, Dichtung und vor allem Theater fand wohl zwischen Tempel- und dem im Norden anschließenden Palastbereich statt. Wo jetzt Palmenhaine um das Dorf Mitrahina stehen, waren Zuschauertribüne und das Halbrund der Bühne aufgeschlagen. Wurde vielleicht Euripides aufgeführt, Alexanders Lieblingsdichter, der ein Dreivierteljahrhundert vorher am Makedonenhof zu Pella sein Alter verbrachte und sein letztes großes Drama »Bakchen«, über die Einführung des Dionysoskultes im griechischen Theben geschrieben hatte?

Über die kriegerischen Ereignisse sind wir gut unterrichtet, über die friedliche Seite von Alexanders Zug haben wir dagegen nur spärliche Nachrichten. Alexander pflegte Freundschaften zu den berühmtesten Künstlern seiner Zeit, ob Maler, Bildhauer, Dichter oder Schauspieler. Sie waren rechtzeitig, das heißt viele Wochen zuvor schon zu den Festlichkeiten in Memphis geladen worden. Alexander hatte der alten ägyptischen Kultur seine Reverenz erwiesen, jetzt sollten die Ägypter auch griechische Kultur in ihrer höchsten Form erleben. Und so ertönten an den Wassern des Nils die Verse griechischer Dichter. Zeitlos sind sie und vermögen uns noch heute zu ergreifen mit ihrer Schilderung menschlichen Leids, menschlicher Verblendung, menschlicher Größe und der Unerbittlichkeit des Schicksals.

Hinter den Palmenhainen nördlich des Ptahtempels erstreckt sich eine weite Fläche unbebauten, öden Brachlandes, die zu einem riesigen Schutthügel ansteigt. Buntgekleidete Frauen mit ihrer Kinderschar und ihren Ziegen bewegen sich als fröhliche Farbkleckse darüber hin. Das Sonnenlicht wird von ihren metallenen Wassergefäßen reflektiert, gibt ein ganz klein wenig Glanz in diese Trostlosigkeit, die einst so glanzvoll war. Denn hier erhob sich einer der Paläste der Pharaonen. Der Pharao Apries ließ ihn zu Beginn des 6. Jahrhunderts auf einer künstlichen Aufschüttung erbauen, hoch über dem Fluß. In der weiträumigen Anlage residierten nach den ägyptischen Pharaonen die persischen Statthalter und anschließend Alexander mit seinem Hofstaat. Im Winter 332 auf 331 v. Chr. ordnete er von hier aus die Verwaltung seines Reiches. Von seinen Gemächern blickte er hinüber über die Nilsenke auf die Wüste des Westens, die unmittelbar am anderen Ufer begann, das Reich der Toten und ihrer Grabmäler in Sakkara, gerade gegenüber im Sonnenglast verschwimmend die Stufenpyramide des Djoser, Pharao der 3. Dynastie im 27. Jahrhundert vor der Zeitenwende. Hier stand den Makedonen und Griechen das ehrwürdige Alter Ägyptens bildhaft vor Augen im

Gegensatz zum jungen Griechentum. Schon Plato lehrte, daß Ägypten die Wiege der Kultur sei.

Die Pyramiden von Gizeh (Abb. 46) zählten längst zu den Weltwundern. Schon zu Alexanders Zeit war der große Sphinx vom Sand halb verweht. Seinem Vater Philipp wolle er später ein ebenso mächtiges Grabmal errichten lassen, soll Alexander beim Anblick der Pyramiden beschlossen haben.

Wir heute wissen viel mehr von ihnen als die Ägypter zu Alexanders Zeit. Erst seit dem letzten Jahrhundert haben die Archäologen ihr Inneres erforscht, kennen wir die Schätze, die in ihnen verborgen waren.

Im Wüstenstreifen am Nil bei den Pyramiden von Abusir zwischen Gizeh und Sakkara fanden sich auch griechische und makedonische Gräber, schlichte, bemalte Holzssärge in den Sand versenkt, mit dem bescheidenen Besitztum der Toten, darunter häufig kleine Gefäße, bemalt mit Sphingen als Grabwächter. Denn schon früh hatten die Griechen den ägyptischen Sphinx übernommen, aber zu weiblichen Fabelwesen umgestaltet, zu Sphingen.

Wir verlassen Memphis und fahren durch das ehemalige Nilbett, wo von den Bootsländen ein gepflasterter Aufweg zu den Gräbern des Wüstenplateaus führte.

Um die noch gut erhaltene Pyramide des Djoser und den zugehörigen Bezirk finden sich viele Grabanlagen vom Alten Reich bis in die Spätzeit mit teils wunderschönen Reliefs und Malereien.

In einem weitläufigen, unterirdisch aus dem Felsen gehauenen Gangsystem mit Kammern zu beiden Seiten, dem Serapeion, stehen 60 bis 80 Tonnen schwere Sarkophage aus rotem und schwarzem Granit, teils glatt poliert, teils mit Hieroglyphen-Inschriften oder eingeritztem Dekor versehen, alle an die vier Meter lang, zwei Meter breit und dreieinhalb Meter hoch. Darin lagen mumifizierte Stiere mit kostbaren Beigaben. Die heiligen Apisstiere, die die Priester im Ptahtempel zu Memphis hielten, wurden hier beigesetzt. Die Ägypter sahen in vielen Tieren die Verkörperung göttlicher Mächte, aber den Apisstier betrachtete man im Laufe der Zeit als Inkarnation des Gottes Ptah. Der tote Apis wurde zum Gott Osiris-Apis. Die Hauptgalerie der Begräbnisstätte stammt aus ptolemaischer Zeit. Ptolemaios, makedonischer Gefährte und General Alexanders, übernahm nach dessen Tod die Herrschaft in Ägypten. Ptolemaios wollte für die beiden Völker, Ägypter sowie Makedonen und Griechen, einen gemeinsamen Kult schaffen, eine Gottheit, die griechische und ägyptische

Wesenszüge in sich vereinen sollte. So entstand aus Osiris-Apis der Gott Serapis, nicht tier- sondern menschengestaltig. Als Fruchtbarkeitsgott wie der ägyptische Gott Osiris und der griechische Pluton trägt Serapis das Getreidemaß auf seinem Haupt. Als Weltbeherrscher ist er mit langem Haar und Bart dem obersten der griechischen Götter, Zeus, angeglichen.

Serapis erlangte bei den Griechen große Verbreitung, den Ägyptern aber blieb er fremd.

Am Ende einer vom Serapeion ausgehenden, von Sphinxen gesäumten Straße ließ Ptolemaios eine Exedra, einen halbrunden Bau, errichten mit den Statuen griechischer Dichter und Philosophen. Während ringsum unter dem Geschrei der Fremdenführer die Karawanen der Touristen ziehen, zu Fuß, zu Pferd, zu Kamel, zu den Denkmälern der Mächtigen und Reichen, stehen wir in einer kleinen Senke im Sand, wo einsam und vergessen unter ihrem halbkreisförmigen Schutzdach aus Beton die steinernen Philosophen ihr Statuendasein fristen (Abb. 47). Die Philosophen, Freunde der Weisheit, schon zu Lebzeiten oft genug belächelt oder verspottet, haben auch im Sakkara von heute keine Zuhörerschaft, ja, man bewirft sie sogar achtlos mit Tomaten und Eiern. Während Karsten aufbaut, versuchen Henner und ich sie etwas von dem Müllberg zu befreien, der sich um sie angehäuft hat.

Sie sind von menschlichen Maßen, etwas über Lebensgröße, aber leider stark beschädigt, Bilder der Vergänglichkeit, während hinter ihnen riesenhaft, alle menschlichen Dimensionen sprengend, die Pyramide des Djoser aufragt. Die einen sind das Werk weniger Bildhauer, die anderen erschaffen in jahrzehntelanger Fronarbeit von einem Heer Tausender von Sklaven.

Was aber blieb hier im Nilland eigentlich von den Makedonen und Griechen übrig? Alexander und seine Nachfolger stifteten reiche Tempelbauten. Doch nur wenigen wird wirklich bewußt, daß die großen Heiligtümer in Edfu, Dendera, Philae und Elephantine bei Assuan, um nur einige zu nennen, unter makedonischer Herrschaft entstanden, denn sie stehen, abgesehen von den Stilmerkmalen ihrer Zeit, ganz in altägyptischer Tradition. Im gewaltigen Amun-Tempel von Luxor befindet sich im Allerheiligsten, im Raum der Amun-Barke, ein späterer Einbau, eine Kapelle, das Sanktuar, das Alexander für die Barke des Gottes neu stiftete. In Relief und Inschriftenfeldern zeigt es in der üblichen Weise die Einführung des Pharaos in den Tempel vor Amun und den Pharao bei den verschiedensten Kulthandlungen wie sie alle

Pharaonen vor ihm in unendlich langer Reihe ausgeübt hatten. Die Königskartouche neben ihm trägt seinen Namen: Alexander.

Und doch gibt es im Nilland eine ganz eigene Schöpfung Alexanders, die noch Jahrhunderte nach dem Tod des Makedonenkönigs reiche Früchte getragen hat, nicht nur für Ägypten, sondern für die ganze hellenistische Welt, eine Schöpfung, die noch heute lebendig ist: Alexandria, seine erste und bedeutendste Stadtgründung an den Ufern des Mittelmeeres. »Alexandria bei Ägypten« wurde sie genannt, eine griechische Polis am Rande einer über Jahrtausende nach innen gerichteten Kultur. Ein Tor sollte sie sein, das Ägypten der Mittelmeerwelt öffnete.

Eine neue Metropole entsteht

Zu Schiff war Alexander von Memphis aus den Nil abwärts gefahren durch fruchtbares, bebautes Land, dann durch das Dickicht der Deltasümpfe mit seiner reichen Tierwelt von unzähligen Vogelarten, Krokodilen und Nilpferden. Die Papyrosstaude wuchs hier. Ihre Stengel wurden geschält, in schmale Streifen geschnitten und in Lagen übereinander gepreßt. Papyros, Papier, war ein lukrativer Exportartikel, wuchs der Papyros doch ausschließlich in Ägypten.

Im Osten des Deltas, auf einer schmalen Landzunge, fand Alexander den Ort für seine Stadt (Abb.61).

Im Süden wurde sie begrenzt von einem Binnenmeer, dem Mareotis-See, mit Anschluß an die Nilschiffahrt. Die im Norden vorgelagerte Insel Pharos ließ Alexander mit der Stadt durch einen Damm verbinden, der »Heptastadion« genannt wurde, übersetzt »sieben Stadien«. Nach unseren Maßen war er ca. 1,344 Kilometer lang. Das Heptastadion ermöglichte die Anlage zweier windgeschützter Häfen. Der König selbst umritt und bezeichnete den genauen Umfang der Stadt. Spätere Statuen Alexanders als Ktistes, als Stadtgründer, zeigen ihn angetan mit der Aigis, dem Ziegenfell, eigentlich der Schutzwaffe der Göttin Athena. Die Aigis hat hier eine außergewöhnliche Form: Sie zeigt den langgestreckten Umriß Alexandrias. Der König legte auch die Lage des rechtwinkligen Straßennetzes fest und die Lage des Tempels für die ägyptische Göttin Isis an der Spitze der Landzunge von Lochias. Isis sollte in der kommenden hellenistischen Epoche von hier aus ihren Siegeszug antreten. Südlich dieses Tempels sollten der Königspalast und das Königsviertel entstehen, anschließend das Griechenviertel mit Theater und Gymnasium.

Der bekannteste Architekt seiner Zeit, Deinokrates von Rhodos, wurde mit der Bauaufsicht betraut. Kleomenes aus Naukratis im Delta, der ältesten Griechensiedlung in Ägypten seit dem 8. Jahrhundert, wurde Finanzminister und hatte die Aufgabe, alle verfügbaren Gelder für den schnellen Aufbau der neuen Stadt zu verwenden. Krates, hochbegabter Wasserbauingenieur, übernahm die Anlegung des teils unterirdisch verlaufenden Wassernetzes.

Während Alexander mit seinem Heere weiterzog, um Dareios zu schlagen, das Zweistromland, Mesopotamien, und die iranischen Länder zu unterwerfen und in Indien das vermeintliche Ende der Welt zu erreichen, strömten in diesen Jahren aus allen Mittelmeerländern, vor allem aus den griechischen Städten, Handwerker aller Art herbei, Händler und Kaufleute, denn hier in Alexandria gab es reichlich Arbeit und guten Verdienst.

Unser Hotel liegt an der Uferpromenade, der einst eleganten Grande Corniche von Alexandria, zwischen Heptastadion und Kap Lochias, im Zentrum der heutigen wie der antiken Stadt. Von dem kleinen Balkon blicke ich über den Osthafen mit den vielen bunten Fischerbooten zur Insel Pharos hinüber (Abb.60).

Auf ihrem äußersten Felsriff im Osten, die Hafeneinfahrt überragend, stand ein Bau, der bald zu den Weltwundern zählte, der nach der Insel genannte Leuchtturm, der Pharos, der erste seiner Art. Ptolemaios I. begann mit seiner Konstruktion, die möglicherweise schon von Alexander initiiert worden war. Sostratos aus Knidos war der Baumeister dieses Wunderwerkes, das eine Höhe von 135 Metern erreichte. Vier Stockwerke türmten sich übereinander. Das erste war quadratisch und enthielt 300 Räume für die Bedienungs- und Wachmannschaft, für die Maschinen und das Öl. Das zweite kleinere Stockwerk war achteckig, das dritte rund. Darüber als viertes erhob sich die Laterne, in der das Feuer brannte, reflektiert von Spiegeln und so schon von weitem den Schiffen den Weg weisend. Fast tausend Jahre erfüllte der Pharos seine Funktion, bis er um 700 n. Chr. vom Kalifen teilweise zerstört wurde, der glaubte, Alexanders Schätze seien darunter verborgen. Wieder aufgebaut, fiel er im 14. Jahrhundert endgültig einem Erdbeben zum Opfer. Der Mamluken-Sultan Kait Bey errichtete über seinen Grundmauern eine Festung, die Hafen und Stadt schützen sollte.

Rechter Hand auf Kap Lochias, das einst den Isis-Tempel und die königlichen Palast- und Gartenanlagen trug, sind Raketenanlagen stationiert; hier ist militärisches Sperrgebiet für alle und insbesondere für Kameras.

Der höllische Straßenlärm wird langsam weniger, Dunkelheit senkt sich herab, die Lichter gehen an, spiegeln sich im Wasser. Ich erinnere mich an die Beschreibungen des englischen Romanciers Lawrence Durrel von Alexandria in seiner alexandrinischen Tetralogie, mit der die Stadt in die moderne Weltliteratur Eingang gefunden hat, faszinierend, geheimnisvoll, ein Ort äußerster Gegensätze, Zuflucht der Gestrandeten und der Emigranten zwischen den Weltkriegen, buntgewürfelt von Anbeginn.

Tod in Babylon

Ein kühler Wind weht nun vom Meer herüber, mich fröstelt. Meine Gedanken schweifen von Alexandria hinüber zu einer anderen, viel älteren Metropole, Schauplatz einer Tragödie zum letzten Mal in ihrer langen Geschichte, zu der Zeit, als Alexandria erbaut wurde: Babylon im Zweistromland, vom Euphrat umflossen.

Man schreibt den 28. Daisios, nach unserem Kalender den 18. Juni 323 v. Chr. Im Palast, von Nebukadnezar einst gebaut, liegt ein sterbender Herrscher. In langem Zug, stumm vor Trauer, ziehen seine Soldaten an ihm vorbei zu einem letzten Abschiedsgruß an ihren König. Zwölf Jahre war er an ihrer Spitze geritten, waren sie ihm in vielen Schlachten, durch Wüsten und über Gebirge, durch Hitze und Kälte gefolgt. Knapp 33jährig stirbt Alexander der Große in Babylon.

Die Ephemeriden, die Tagebücher, die Alexanders Kanzleichef, der Grieche Eumenes, später veröffentlichte, berichten in allen Einzelheiten über den Verlauf der Krankheit, des Fiebers, das ihn Ende Mai urplötzlich überfallen hatte. War es eine besonders heftige Form von Malaria? Nicht lange zuvor hatte Alexander die Euphratsümpfe besucht, die Brutstätte der Anopheles-Mücken, und die vernachlässigten Bewässerungskanäle und den Auftrag zu ihrer Instandsetzung gegeben, der Voraussetzung für die Fruchtbarkeit des Landes. Vierzehn, teils lebensgefährliche Verwundungen hatte der König in zehnjährigem Kampf erlitten, ungeheure Strapazen hatte er mit seinem Heer geteilt. In den Monaten vor seinem Tod hatte er offensichtlich mehr als sonst dem Weine zugesprochen nach dem Verlust seines ihm am nächsten stehenden Freundes und Stellvertreters Hephaistion. Da mag der schon geschwächte Körper in der drückenden Hitze Babylons noch mehr an Widerstandskraft verloren haben. So bleibt die Ursache seines Todes Ansichtssache.

Alexander war ein fanatischer Alleinregierer gewesen; jetzt kam sein Ende zu unerwartet, als daß er für Nachfolge hätte sorgen können. Auf dem Totenlager, der Sprache schon nicht mehr mächtig, steckte er dem Makedonen Perdikkas den königlichen Siegelring an den Finger. Aber Perdikkas, unterstützt von dem getreuen Eumenes, vermochte die Einheit des Reiches nicht zu bewahren. Schon an des Königs Sterbelager begannen die Rivalitäten, begannen sich die Erben zu streiten. Ohne Alexanders zwingende Autorität brachen die alten Eifersüchteleien zwischen dem makedonischen Adel wieder auf; alle gierten nach der Macht. Ohne Alexander waren die Gegensätze zwischen makedonischem Patriotismus bei den alten Anhängern Philipps und den Vertretern der Politik Alexanders, der bis hin zu einer Verschmelzung der Kulturen und Völker in seinem Reich ganz andere, ganz neue Ziele verfolgt hatte, nicht auszugleichen. Blut- und Mordtaten waren an der Tagesordnung. Zwölf Jahre nach des Königs Tod fielen als letzte des Königshauses Rhoxane, seine iranische Gattin, und sein Sohn Alexander, beim Tod des Vaters noch nicht geboren, einem Mordanschlag zum Opfer.

Das Reich zerbrach in vier Teile, die Diadochenstaaten. Der Makedone Ptolemaios machte sich zum König von Ägypten.

Alexander – so wird berichtet – wünschte bei seinem Vater Zeus-Ammon in der Oase Siwa bestattet zu werden. Aber auch um den Leichnam des Königs war Zank ausgebrochen. Die makedonische Partei wollte ihn in die Heimat überführen. Ptolemaios ging als Sieger hervor: In einem überaus reich ausgestatteten Wagen aus Gold, im goldenen Sarkophag, wurde der Leichnam Alexanders in feierlichem Zug durch den Vorderen Orient nach Memphis gebracht und dort vorläufig in der alten Pharaonen-Nekropole von Sakkara beigesetzt. Erst 20 Jahre später findet Alexander der Große seine endgültige Ruhestätte in der neuen Hauptstadt, seiner Stadt Alexandria.

Unsterbliches Alexandria

Meine Gedanken sind damit an ihren Ausgangspunkt zurückgekehrt. Draußen ist es längst Nacht. Ramadan, der Fastenmonat, hat begonnen; die Stimmen der wenigen nächtlichen Bummler dringen von dem Platz vor dem Cecil-Hotel zu mir herauf. Dort spielte sich vor einigen Jahren eine tragikomische Geschichte ab, die zeigt, wie präsent Alexander hier in seiner Stadt noch ist. Ein alexandrinischer Grieche hatte einen Traum, in dem ihm der Ort erschien, an dem Alexanders Grabmal stand, eben dieser Platz.

Er traf umgehend Vorbereitung und begann mit seinem Nachforschungswerk, dem man allerdings bald Einhalt gebot. Dabei hatte der Mann wohl gar nicht so unrecht mit seiner Lokalisierung. Dies war auch in der Antike das Zentrum, und die Agora, der religiöse und politische Mittelpunkt der Stadt, auf dem der Stadtgründer in einem großartigen Bau, dem Sema, aufgebahrt lag, kann nicht weit entfernt gewesen sein.

Eine Griechin, die mir die Geschichte von der Grabsuche erzählte, versicherte, alle hier noch lebenden Griechen würden gerne Geld stiften, damit die Suche fortgesetzt werden könne. In ihrem Bewußtsein ist Alexandria immer noch ihre Stadt, die Stadt der Griechen, deren Kolonie in den letzten 40 Jahren von 200 000 auf 2000 zusammengeschrumpft ist. Auch die Juden, die von Anfang an einen beträchtlichen Anteil der Bevölkerung bildeten, sind nach der Gründung des Staates Israels und vor allem zu Nassers Zeiten ausgewandert. Alexandria, das ist heute eine Stadt der Ägypter.

Freitag, islamischer Sonntag, Spaziergang nach Kait Bey, zum Ort des Pharos. Im Norden vor uns das offene Meer. Von dort kamen die großen Dreiruderer und Segler herein und sahen die Stadt vor sich ausgebreitet, »die Perle des Mittelmeeres«, wie sie genannt wurde (Abb. 59). Aus der Entfernung, von Kait Bey aus, im verklärenden Morgenlicht vermag ich ihre einstige Schönheit nachzuempfinden.

Nach der Eroberung durch die Araber und den Islam im Ausgang des 7. Jahrhunderts v. Chr. wurde sie im Laufe des Mittelalters zu einem Dorf ohne große Bedeutung. Kalifen und Mamluken-Herrscher machten Kairo, das neue Memphis, nur wenig nördlich der alten Metropole am Nil gelegen, wiederum zur Hauptstadt des Landes. Rosetta, an der Mündung des westlichen Nilarmes im Delta, überflügelte Alexandria als Hafen- und Handelsplatz. Ein großes Ruinenfeld war die Stadt geworden, als der dritte Europäer nach Alexander zur Unterwerfung Ägyptens mit seiner Flotte in ihren Hafen einlief: Napoleon. Aber seine ägyptische Expedition war nur von kurzer Dauer. Noch im selben Jahr wurde die französische Flotte von der englischen unter Lord Nelson bei Alexandria geschlagen.

Unter den ägyptischen Kedifen, den späteren Königen von Ägypten, begann die Stadt neu aufzublühen. Nach dem Bau des Suezkanales beanspruchten die Engländer Kontroll-, ja sogar Mandatsrecht, und viele Briten ließen sich in Alexandria nieder. Griechen, Juden, Levantiner kamen wieder in großer Zahl. Erneut wurde Alexandria Ägyptens Tor zum Mittelmeer. Seine langen weißen Badestrände machten es obendrein zu einem beliebten Seebad, dessen kühle Meeresbrise das Leben auch im heißen ägyptischen Sommer angenehm erscheinen ließ.

Langsam sehen wir die Fischerboote von ihrem nächtlichen oder frühmorgendlichen Fang in den Hafen zurückkehren. Die Meerespromenade an Kait Bey bevölkert sich immer mehr, Familien, junge Männer in Gruppen und junge Mädchen, darunter manch schöne Alexandrinerin. Noch ist das Kopftuch hier kein Zwang, doch man sieht es immer häufiger. Die Alexandrinerinnen haben das Kopftuch jedoch zu einem modischen Kopfputz umfunktioniert, das häufig an das Nemes-Kopftuch der Pharaonen erinnert. So elegant waren auch die Damen zur Zeit der makedonischen Könige, nach der neuesten Mittelmeermode gekleidet in modisch hochgegürteten Gewändern aus feinster Baumwolle (Abb. 48). Sogar Seide brachten die Schiffe mit aus dem fernen Asien und duftende Parfüme. Sie trugen Hüte der unterschiedlichsten Form, während die Matronen das Haar mit ihrem Umschlagtuch bedeckten. Die Männer standen den Frauen an Eleganz nichts nach. Alexandria liebte den Luxus und stellte ihn offen zur Schau. Die reichen Ägypter und Juden kleideten sich ebenfalls auf griechische Weise. Eine gemeinsame griechische, die hellenistische Kultur hatte sich rings um das östliche Mittelmeer verbreitet, regierten hier doch in den Diadochenstaaten makedonische oder griechische Könige. Aus den unterschiedlichen griechischen Dialekten hatte sich eine allgemeine Form des Griechischen entwickelt, »Koine« genannt, die von den Gebildeten aller dieser Völker verstanden und gesprochen wurde, bis hin ins ferne Indien. Wer es sich leisten konnte, schickte seine Kinder natürlich auf das griechische Gymnasium.

Sicher schon von Alexander geplant, entstand in Alexandria auch eine Philosophenschule, zu deren Leiter ein Schüler des Aristoteles berufen wurde.

Wie in allen Großstädten aller Zeiten – Alexandria zählte zu seiner Blütezeit 600 000 Einwohner – gab es nicht nur eine Sonnenseite, auf der die Wohlhabenden und Gebildeten lebten. Die Masse der Bevölkerung, welcher Herkunft auch immer, gehörte zum einfachen Volk und lebte in gesonderten Vierteln; Armut und Elend waren hier an der Tagesordnung.

Reiche und Arme, nachgebildet in Terrakotta oder Bronze, fanden sich zusammen als Beigaben in den Gräbern von Alexandria. Mitten im Getriebe der modernen Stadt steigen wir hinunter in das Reich der Toten, in die Nekropolen von Anfouchi, Chatby und Moustapha Kemal aus der Zeit der makedonischen Könige. Die Behausungen der Toten sind den Wohnungen der Lebenden nachgebildet. Um einen Innenhof reihen sich – oft bewacht von Sphingen als Grabwächtern – die Kammern, in denen die Sarkophage in Form von Ruhebetten aufgestellt sind. Während sich Makedonen und Griechen anfangs nach eigener Sitte meist verbrennen ließen, folgten sie mit der Zeit dem ägyptischen Brauch der Einbalsamierung. Auch ägyptische Jenseitsvorstellungen haben manche von ihnen übernommen, wie Wandmalereien in den Gräbern zeigen. Da wird der Verstorbene von dem falkenköpfigen Gott Horus vor Osiris geführt, der zu seiner Läuterung Wasser über ihn gießt. Hinter Osiris steht die Göttin Isis.

Aus den Grabbeigaben der Toten erschließt sich uns das bunte Leben der Stadt. Einfache Dinge des Alltagsgebrauches finden sich ebenso darunter wie Luxusgüter. Gleichsam als Puppentheater ersteht in den Figurinen vor unseren Augen die Gesellschaft Alexandrias. Ein Philosoph richtet seine belehrenden Worte an ein imaginäres Publikum. Bettler halten Mitleid erheischend ihre Hand auf. Straßenmusikanten und -musikantinnen spielen für ihr tägliches Brot. Fakire und Schlangentänzer belustigen das Volk auf Plätzen und in den Bazarstraßen. Ein Pädagoge führt seine Zöglinge zur Schule, eine Amme säugt ein Kleinkind. Ein Klageweib mit entblößter Brust und zerrauftem Haar, wie sie die Wohlhabenden zur Beerdigung mieteten, jammert so herzzerreißend, daß man es zu hören vermeint (Abb. 49). Zwei Negersklaven sind aneinandergefesselt. Ein Fischer sitzt mit seinem Korb auf einem Felsen (Abb. 51). Sein ausgemergelter Körper spricht nicht von guten Zeiten.

Die Kunst dieser Zeit entwickelt einerseits das Genrebild und liebt auch die bürgerliche oder ländliche Idylle, andererseits zeigt sie einen stark ausgeprägten Realismus. Etwas makaber berührt es uns, daß ein Teil der Elend und Armut verkörpernden Figürchen als plastische Aufsätze das Tafelgeschirr der Wohlhabenden zierten. Bei ihrem Anblick war man sich offenbar der eigenen Tafelfreuden besonders bewußt.

Aber auch die Götterwelt tritt uns in den Gräbern entgegen, griechische und ägyptische Götter. Die ägyptischen Götter wurden meist der griechischen Vorstellungswelt angeglichen. So wie Amun zu Zeus-Ammon wurde, setzten die Griechen Osiris mit Dionysos gleich, Min mit Pan oder Hathor mit Aphrodite. Horus in seiner Kindform als Harpokrates erfreute sich großer Beliebtheit. Alexandrinisches Leben, das findet sich heute ausgestellt in den Sälen und Vitrinen des Römisch-Griechischen Museums von Alexandria. Der Tourist, der zuvor das Ägyptische Museum in Kairo besichtigt hat, betritt hier eine völlig andere Welt. Zwei Welten, zwei Kulturen waren es, die im Niltal unter Alexanders Nachfolgern nebeneinander existierten.

In ihrem unter den Makedonen erbauten Tempel zu Philae war Isis die Göttin der altägyptischen Tradition, in Alexandria wurde sie zur griechischen Göttin, verehrt in ihrem griechischen Tempel auf Lochias, und zur Schutzherrin der Seefahrer. Mit ihnen zog sie hinaus und eroberte alle Länder des Mittelmeeres. Ihr Kult verbreitete sich in römischer Zeit bis hinauf in den Norden zu uns nach Germanien. Isis mit dem Horusknaben auf dem Schoß oder ihn stillend, gehörte zum festen Bilderbestand in den Jahrhunderten nach der Zeitenwende und gab die Vorlage für die christliche Muttergottes mit dem Jesusknaben.

Etwas von dem Geschäftssinn, den die alten Alexandriner besessen haben müssen, zeigt auch die Direktorin des Museums, die, so umfangreich wie König Faruk, einem orientalischen Potentaten gleich in ihrem Amtszimmer thront, umgeben vom beflissenen Hofstaat ihrer jungen Assistenten. Die Summe, die sie mir für die Dreherlaubnis abnimmt, ist horrend, ohne daß hierfür die Türen der Vitrinen geöffnet werden, geschweige denn sie bereit ist, den einen oder anderen Gegenstand für uns herausnehmen zu lassen. So wende ich mich später an das Pergamon-Museum, damals noch Ost-Berlin, wo ich aus den dortigen Beständen die mir fehlenden Aufnahmen für Alexandria nachhole. Durch die Erfahrung im Museum schlauer geworden, betreten wir die Nekropolen der

Stadt als simple Touristen. Die Filmkamera geht unter freundlichen Ablenkungsmanövern am Kassenhäuschen als Videokamera vorbei. Unser verständnisvoller Begleiter des Presseministeriums Kairo hat sich vorher ins Kaffeehaus gesetzt und weiß so von nichts.

Den Hafen von Alexandria und Lochias nimmt Karsten von unserem günstig gelegenen Hotelzimmer aus auf, denn zwei uns zusätzlich in Alexandria beigegebene Aufpasser zum »Schutz der militärischen Anlagen« verweigern so gut wie alles, was uns filmisch interessiert. Ist kein militärisches Objekt vor Karstens Linse, so sitzt da versehentlich ein Bettler oder die Passanten sind nicht passend für die Augen des ausländischen Fernsehzuschauers angezogen. Also schließe ich kurzerhand am Abend die Dreharbeiten offiziell ab. Ein freundliches Dankeschön für die großartige Unterstützung!

Am nächsten Morgen verschwinden wir sehr früh aus dem Hotel; die auffälligen Kamerakoffer lassen wir zurück und sind endlich frei, um vielleicht in dieser Stadt Stimmungen und Bilder einfangen zu können, Landschaften in ihrer Umgebung, die eine Brücke zu schlagen vermögen zum antiken Alexandria, eine Hilfestellung für unsere Vorstellungsgabe und Phantasie.

Kanopos, das Sündenbabel der verweichlichten, im Luxus schwelgenden Alexandriner – so zumindest sahen es die puritanischen Römer in hellenistischer Zeit – lag im Osten, etwa 20 Kilometer vom Zentrum entfernt dicht vor Abukir. Wer es sich leisten konnte, verbrachte dort einen Teil des Sommers oder unternahm eine Vergnügungsfahrt dorthin. Auf bunt geschmückten Booten, die Musikanten an Bord, ließ man sich auf dem kanopischen Kanal durch Palmenhaine und Gärten fahren, rastete dort in schattigen Lauben und Pavillons bei Wein und fröhlicher Gesellschaft. Aber der Moloch Alexandria hat die Gärten und Haine verschluckt, wir fahren durch mit Häusern, vor allem Wohnblocks bebautes Land bis nach Montaza, dem Sommerpalais König Faruks, im neobyzantinischen Stil in den 30er Jahren neu errichtet. Heute dient es als Gästehaus der Regierung. Der Park ist gegen geringes Eintrittsgeld frei für die Öffentlichkeit. Unterhalb der immer noch gepflegten Anlage mit geflochtenen kleinen Picknickhütten und Brücken liegt der kleine Jachthafen, und am Ende der Brückenmole erhebt sich ein kleiner Leuchtturm. Das Ambiente mag ein wenig an Kanopos erinnern, aber das passende Publikum werden wir auch an Feiertagen hier vergeblich suchen. Da hätten wir einige Jahrzehnte früher zu einem Empfang König Faruks geladen werden müssen, wo sich wie zu den Gastmählern der ptolemaischen Könige die gebildete Schicht jüdischer, griechischer, ägyptischer und levantinischer Alexandriner zusammenfand.

Noch sind wir nicht ganz am Ort des alten Kanopos, ein wenig wollen wir noch weiterfahren, vielleicht auch ein Stück am Kanal entlang in die ehemaligen Marschgebiete des Deltas, auch heute noch teils sumpfiges Gelände.

Aber statt mit reizvoller Landschaft werden wir mit der traurigen, ja trostlosen Realität der ägyptischen, der alexandrinischen Gegenwart konfrontiert, eine Realität, der man nicht unbedingt begegnen möchte, wenn man sich auf den Spuren altägyptischer Kunst und Kultur befindet. Das Elend auf den Dörfern, das manchem Touristen für das Album noch reizvoll erscheint, hier in den Vororten, den Slums der großen ägyptischen Städte, bietet es sich nackt und unverhohlen dar.

In der Nacht hat es geregnet, und so waten wir wie alle durch knöcheltiefen Unrat und Schlamm. Auf einer schmalen Straße fahren wir am Kanal weiter. Nach vielen Kilometern geben wir auf. Der Kanal ist zur Müllkippe verkommen, ärmlichste Kleinstbetriebe entstehen entlang der Straße, das Land wirkt ungepflegt. Wie biegen nach Süden ab, um auf die große Überlandstraße von Kairo zu treffen, die südlich der Stadt am Mareotis-See vorbeiführt, der noch vor einem halben Jahrhundert – so las ich bei Lawrence Durrell – ein Jagdparadies für Entenjäger war. Sein östlicher Teil ist verlandet oder trockengelegt. Wohnblocks stehen darauf, die aus der Entfernung einen bizarren Anblick bieten. Beim Näherkommen erkennen wir, daß wir keiner optischen Täuschung erlegen sind. Sie stehen tatsächlich wie schiefe Türme von Pisa – nur weniger reizvoll – auf dem abgesackten Untergrund, und wir fragen uns, wie Möbel auf dieser abschüssigen Wohnebene in die Waagerechte gebracht werden können. Nicht Verächtlichkeit vor baulicher Fehlleistung oder gar Spott läßt uns solche Dinge überscharf notieren, sondern vielmehr die große Betroffenheit, die uns überfällt beim Anblick der zunehmenden Verelendung der Massen. Arm und reich, das gab es immer, aber hier klafft die Schere unerträglich weit auseinander.

Weiter östlich führt die Straße auf einen Damm mitten durch den See. Offene Wasserflächen wechseln mit dichten Schilfinseln ab, sicher auch heute noch eine Brutstätte vieler Enten und

Wasservögel, auch wenn der beißende Geruch der Großindustrie überall in der Luft liegt. Zwei Fischer werfen von ihren kleinen Booten die Netze aus. Mittagsdunst läßt den grau-grün schillernden Seespiegel in der Ferne verschwimmen. Über ihm erheben sich wie eine Fata Morgana hellschimmernd die Hochhäuser von Alexandria.

Viele Kilometer weiter wird der Mareotis schmaler und streckt sich, nun leuchtend blau, wie eine Zunge zwischen die gelbe Wüste und den sandigen Hügelstreifen, der ihn im Norden vom Mittelmeer trennt. Am Ufer die einsam gelegenen Ruinen einer kleinen antiken Stadt. Es ist noch etwas von der Landschaft zu spüren, die Alexander vorfand, als er seine Stadt gründete. Hier beginnt die grenzenlose Weite der Libyschen Wüste, und wir kehren zurück, um ein wenig zu Fuß durch die Innenstadt zu bummeln.

Wenige der schönen alten Häuser des letzten und der ersten Hälfte dieses Jahrhunderts sind instand gehalten. Man baut, wie überall, lieber modern. Immer und immer wieder wurde über Altem Neues errichtet. Viele Meter unter dem jetzigen Niveau liegen noch die Straßenzüge und Fundamente des antiken Alexandria, seiner weiträumigen Villen im ehemaligen Griechenviertel mit von Säulen umstandenen Innenhöfen, die Bankett- und Repräsentationsräume mit Mosaiken ausgelegt, die Wände mit Malerei geschmückt. Hin und wieder kommen bei Ausschachtungsarbeiten Fragmente einstigen Lebens zutage. Auf unheimliche Weise bringt es sich immer wieder ins Bewußtsein der Gegenwart, wenn Fundamente oder Straßenzüge plötzlich absacken oder Risse bekommen. Ein tragisches Schicksal erlitt eine Alexandrinerin, vor der sich nach einem abendlichen Kinobesuch urplötzlich der Asphalt auftat zu einem tiefen Loch, in das sie stürzte, ohne jemals wiedergefunden zu werden. Das unterirdische Kanalnetz, das Krates im Auftrage Alexanders angelegt hatte, führt noch immer Wasser und hat die junge Frau wohl weit ins Meer hinausgespült.

Wir setzen uns auf dem Markt zu einigen sehr alten Männern, die ihre Wasserpfeife genießen, und dies während des Ramadan. Wir schauen wie sie den Dominospielern am Nachbartisch zu.

Der Bazar: ein Ort der Kommunikation in den Mittelmeerländern, im Altertum ebenso wie heute. Zwei Affen in ihrem Käfig gegenüber betrachten uns interessiert, Hühner gackern, Tauben warten auf einen Käufer. Die Taubenhäuser gehören so selbstverständlich zur ägyptischen Landschaft wie Palmen und Wasserkanäle. Natürlich gibt es Datteln aus Siwa; genießen dürfen wir sie erst später. Auch frisches Gemüse wird reichlich angeboten. Viel muß für die einige Millionen Menschen fassende Stadt aus dem Delta und dem Niltal herantransportiert werden.

Das antike Alexandria war reich. Viele Handwerksbetriebe arbeiteten hier. Ihre Produkte fanden sich rings um das Mittelmeer und gelangten bis nach Taxila in Indien. An den Hafenkais erstreckten sich die großen Lagerhäuser, die königlichen wie die privaten der reichen Kaufmannschaft, die alle Nationalitäten umfaßte. Allein die königliche Handels- und Kriegsflotte umfaßte 4000 Schiffe. Der Reichtum Alexandrias aber basierte auf der Fruchtbarkeit des Nillandes, hervorgebracht durch die alljährliche Nilüberschwemmung, die den Zyklus des Jahres bestimmte. Die regelmäßige Inspektion der Bewässerungskanäle durch königliche Beamte und ihre ständige Pflege und Instandhaltung war nötig, damit das Heer der ägyptischen Fellachen den Boden zum Wohlstand des Landes bearbeiten konnte, zu Gewinn und Wohlstand, an dem sie selbst zu allen Zeiten den denkbar geringsten Anteil hatten.

Neben den ägyptischen Fellachen bestellten seit Alexanders Zeit auch Griechen und Makedonen die ägyptischen Felder (Abb. 57), unter Alexanders Nachfolgern nahm ihre Zahl ständig zu. So mag denn, während wir in Alexandrias Bazar sitzen, ein gedanklicher Abstecher zu den Griechen des Niltales erlaubt sein.

Griechen als die neuen Herren des Landes, vor allem in ihrer Funktion als Steuer- und Gerichtsbeamte, saßen in vielen ägyptischen Städten des Niltales. Einige große Neugründungen kamen hinzu wie Ptolemais, als Gegengewicht zu so einflußreichen Städten wie Theben, besiedelt mit Söldnern, die hier Land zugewiesen bekamen. Ägypter wurden bis auf eine späte Ausnahme von den makedonischen Königen nicht zum Militär herangezogen.

Ein besonders dichter Kreis von Veteranenkolonien entstand im Faiyum, wo Alexander vorhandene Sumpfgebiete zur Kulturlandgewinnung hatte trockenlegen lassen. Ein Gürtel großer Griechenstädte umzog diese grüne Oase, deren Hauptgott Sobek, der ägyptische Krokodilgott, war. Von diesen Tieren muß es in dem großen Moiris-See – heute Karun-See (Abb. 50) – und in den vielen, vom Nil her gespeisten Wasserläufen gewimmelt haben. Den Hauptort im Zentrum nannten die Griechen deswegen Krokodilopolis. Als Touristenattraktion sind die großen Wasserschöpfräder bei Medinet el Faiyum bekannt, der Totentempel, das sogenannte Labyrinth, und die Pyramide Pharao Amenemhets III.

Es ist schön, mit ein wenig Zeit durch diesen fruchtbaren Oasengarten zu fahren, in dem buchstäblich alles gedeiht. Natürlich gibt es Kunstdünger und Traktoren, aber die meisten Bauern bestellen ihre kleinen Parzellen so wie schon ihre Vor-Vorväter im alten Ägypten. Es gibt Elektropumpen, aber im allgemeinen ist es immer noch der Ochse, der das kleine Schaufelrad dreht, mit dem das Wasser auf die Felder geschöpft wird (Abb. 56 u. 47). Wasserbüffel tauchen wohlig im kühlen Naß der Kanäle unter, Gruppen von Frauen und Kindern waschen nebenan bei fröhlichem Tratsch ihre Wäsche und spülen Geschirr. Das Wasser des Nils, das Wasser der Kanäle, an vielen Orten Ägyptens ist es das Wasser für alle und alles (Abb. 53).

Über eine Million Menschen leben in der Oase Faiyum, und ihre Häuser fressen mehr und mehr das fruchtbare Grün auf.

Die Griechen und Makedonen siedelten am Ufer des unter Meereshöhe liegenden Sees oder am Rande der Oase, wo Kulturland in Wüste überging.

Der Wasserspiegel des Sees hat sich stark gesenkt. Die Wüste gewinnt langsam wieder an Boden. Gymnasien, Marktplätze, Häuser hat der Sand verschluckt. Die breiten, gepflasterten Straßen, von Statuen gesäumt, verlaufen heute ins Nichts. In Tebtynis im Süden schauen uns zwei steinerne Löwen erstaunt an, die noch das ehemalige Stadttor flankieren (Abb. 52). Besucher sind äußerst selten. In Soknopaios im Norden, mitten in der Wüste, stehen noch die Wände des Tempels für den Krokodilgott hoch an, einsame Kulisse eines Stücks der Vergangenheit (Abb. 54). Wolken ziehen über sie hin, ihre Licht- und Schattenspiele allein verleihen ihr ein wenig Lebendigkeit. Einst erhob sich der Tempel unmittelbar über dem See. Die Erzeugnisse der Oase wurden von hier über die Karawanenstraße nach Alexandria geschickt.

Im Sand der Ruinen haben sich neben Inschriften, Grab- und Weihreliefs, Statuen und Gebrauchsgegenständen auch zahlreiche Papyrusfragmente erhalten. Sie geben Auskunft über Steuereinzüge, Tempelwirtschaft, königliche Beamte und enthalten offizielle und private Verträge. Offizielle Dokumente sind zweisprachig abgefaßt, in der offiziellen Amtssprache Griechisch und in Demotisch, das heißt Ägyptisch. Wir erfahren, daß Ägypter zwei Namen benutzten, im Privatbereich traten sie unter dem ägyptischen, im öffentlichen Bereich unter ihrem griechischen Namen auf. Das kompliziert die Auswertung, da oft nicht zu ersehen ist, ob wir es in einem Dokument mit Griechen oder Ägyptern mit griechischem Namen zu tun haben.

Nach wie vor wissen wir über das Leben in den großen Griechenstädten hellenistischer Zeit äußerst wenig. Gewiß scheint nur zu sein, daß Alexanders Reichsidee von der Verschmelzung der verschiedenen Kulturen und Völker hier in Ägypten sich nicht verwirklicht hat. Seine Nachfolger, die hellenistischen Könige, hatten dieses Programm für ihre Politik nicht übernommen.

Die Griechen waren schon seit Jahrhunderten gewöhnt, sich fremder Umgebung anzupassen. Sie übernahmen in Ägypten Vorstellungen des ägyptischen Glaubens, verehrten auch ägyptische Götter, wie den Krokodilgott (Abb. 58), aber sie verehrten sie anders als die Ägypter, paßten sie ihrer eigenen Vorstellungs- und Glaubenswelt an. Sie pflegten ihre Sprache – kaum ein Grieche unterzog sich der Mühe, demotisch zu lernen – und mit ihrer Sprache auch ihre Kultur. Sie blieben Hellenen.

Und die Masse der ägyptischen Fellachen? Sie blieb völlig unberührt von der fremden Kultur. Solange ein Pharao im Lande herrschte und solange die Priesterschaft in seinem Namen die zur Erhaltung der kosmischen Ordnung notwendigen Riten und Feste beging, lief das Leben für sie wie seit Jahrtausenden weiter. Erst als Ägypten seine Unabhängigkeit verlor, als es unter Augustus zum Status einer römischen Provinz herabsank und das Land schamloser als je zuvor ausgebeutet wurde, ging die altehrwürdige ägyptische Kultur ihrem Ende entgegen. Jetzt erst entstand eine Art Mischkultur, die im weiteren Sinne noch hellenistisch ist, im engeren Sinne als ägyptisch-römisch bezeichnet werden mag. Wer sich mit Ägypten einmal beschäftigt hat, der kennt die in dieser Zeit entstandenen wunderbaren Mumienportraits, die meisten aus dem Faiyum.

Mit dem Untergang der alten Götterwelt erobert in kurzer Zeit eine neue Religion das Nilland, das Christentum.

Meine Gedanken sind weit vorausgeeilt, und doch ist das Christentum in Ägypten, bis auf die koptische Minderheit, selbst längst wieder Vergangenheit.

Die Stunde der Wasserpfeifen ist vorbei. Die Händler packen heute früher zusammen, denn es ist ja Ramadan. Bald werden die Lichterkränze um die Minarette leuchten, wird der Muezzim zum Gebet rufen und anschließend darf gegessen werden. Darauf freuen wir uns auch. So lange schlendern wir die Grande Corniche hinunter bis zur Landzunge Lochias. Da ist es soweit: Die Moscheen stehen im Lichterglanz gegen den dämmrigen Abendhimmel, und das Konzert der Gebetsrufer hebt an. Wir sitzen ein wenig im Gras. Gegenüber ein ganz moderner Bau, erstanden mit Hilfe der Unesco, ein später Nachkömmling der berühmtesten und größten Bibliothek des Altertums, die hier als Teil des Museion von Alexanders direktem Nachfolger, Ptolemaios I., gestiftet wurde.

Ptolemaios gehörte zu Alexanders Jugendfreunden und zu seinen engsten Vertrauten zeitlebens. Er holte den toten König in seine Stadt Alexandria und verwirklichte viele von Alexanders Ideen, wie zum Beispiel die Förderung der Wissenschaften. Alexander hatte Aristoteles und seine Schule in Athen großzügig unterstützt, und Ptolemaios und seine Dynastie machten Alexandria zum geistigen Zentrum der hellenistischen Staatenwelt. Das Museion war der Ort, an dem die Musen, die Göttinnen der Künste und Wissenschaften, verehrt wurden und unter ihrem Patronat geforscht und gelehrt wurde.

Das Museion war die erste Universität, eine Anstalt der freien Forschung und Lehre, deren Mitglieder vom Staat, das heißt vom Königshaus, besoldet wurden. Nur wenige Namen seien hier genannt, die einigen Lesern vielleicht aus dem Schulunterricht im Gedächtnis geblieben sind: Dazu gehören die Lehrsätze des Euklid, dessen »Elemente« als Lehrbuch der Mathematik bis ins 19. Jahrhundert als Schulbuch benutzt wurde. Ebenso bekannt wie Euklid ist Archimedes aus Syrakus. Er hatte am Museion zu Alexandria studiert und ist ihm wissenschaftlich zeitlebens verbunden geblieben. Er berechnete unter vielem anderen den Inhalt von Flächen und Körpern und den Auftrieb schwimmender Körper. Aber er erfand auch mechanisch betriebene Maschinen, mit denen er seine mathematischen Berechnungen in die Praxis umsetzte. Bei der Belagerung seiner Vaterstadt Syrakus durch die Römer baute er gewaltige Hebewerke aus Balken und Kranen, die er durch Druckschrauben, Rollen und Flaschenzüge in Bewegung brachte; römische Kriegsschiffe wurden damit im Hafen hochgehoben und umgekippt. Berühmt ist auch die Geschichte, wie er durch große Brennspiegel die römische Flotte in Brand gesetzt haben soll. Er konstruierte ein Planetarium. In ihm zogen die sieben Planeten, zu denen damals auch die Sonne zählte, durch Wasserdruck in Bewegung gehalten, ihre Kreise um die Erde. Archimedes soll einmal ausgerufen haben: »Gib mir, wo ich stehen kann, und ich werde den Erdball in Bewegung versetzen!«

Noch stand für ihn die Erde still. Es galt, »sie an den Himmel zu versetzen«, wie sich Galilei, der sich für das neue Weltbild des Kopernikus einsetzte, über eineinhalb Jahrtausende später ausdrückte. Das aber hatte in Alexandria bereits einer fertiggebracht: Aristarch aus Samos, Astronom und Mitglied des Museion. Er stellte zum ersten Male ein heliozentrisches Weltbild auf. Die Erde kreiste als Planet mit den anderen Planeten um die Sonne. Zwar mußte Aristarch nicht widerrufen, wie Galilei unter dem Druck der Kirche, aber auch nach den damaligen religiösen Vorstellungen war die Erde das ruhende Zentrum des Weltalls, um das alles kreiste. Vor allem widersprach Aristarchs Weltbild der Astrologie. Die Babylonier, auch Chaldäer genannt, erfahren seit alters in der Himmelskunde, standen seit Alexanders Zeit unter makedonischer Herrschaft. So verbreitete sich ihre Lehre von der Sterndeutung und die Bestimmung des menschlichen Schicksals durch den Lauf von Sternen und Planeten schnell in der ganzen hellenistischen Welt. Ohne Sterndeuter und Horoskop traf weder ein König noch der einfache Mann irgendeine wichtige Entscheidung.

Unter den Naturwissenschaften nahm die Medizin in Alexandria einen hohen Rang ein, beginnend mit zwei so berühmten Ärzten wie Herophilos und Erasisthratos. Ihnen gestattete der König, was bei Griechen bisher als unerhört gegolten hatte: das Sezieren von Leichen. Die Anatomie wurde begründet. Auch die Wichtigkeit der Diagnose erkannte man jetzt. Nicht die Symptome einer Krankheit galt es zu behandeln, sondern ihre Ursache herauszufinden.

Die Botanik und Geographie kamen voran. Die Entdeckungen des Alexanderzuges wurden nun verarbeitet. Die durch Alexander erweiterte Erdkarte erhielt durch Eratosthenes ein Gradnetz. Eratosthenes war es auch, der eine Chronologie aufstellte, in der alle geschichtlichen Ereignisse und alle Persönlichkeiten der Vergangenheit, seien es Dichter oder Staatsmänner, in einem festen zeitlichen Rahmen einander zugeordnet werden konnten.

Alle die neuen Entdeckungen und Erkenntnisse wanderten in den Teil des Museions, der als Weltwunder galt, die Bibliothek. Dort wurden sie vervielfältigt und damit einer breiteren Öffentlichkeit zugänglich gemacht.

Man schrieb auf Papyros. Einzelbögen wurden dem Umfang des Werkes entsprechend zu Streifen zusammengeklebt und als Rollen verwahrt. 400 000 bis 700 000 Rollen – die Angaben schwanken – soll die Bibliothek besessen haben.

Sie war und blieb das Lieblingskind der Ptolemäer, und wo

immer sie der Bücher habhaft werden konnten, kauften sie sie rings ums Mittelmeer zu hohen Preisen auf. Ganze Schiffsladungen landeten in Alexandrias Bibliothek, wo sie nach Gattungen sortiert wurden. Dann begann die schwierigste Aufgabe: Die verschiedenen Fassungen ein und derselben Schrift mußten auf Abschreibfehler, spätere Veränderungen oder Einfügungen untersucht werden, um eine möglichst werkgetreue Neuausgabe herstellen zu können. Besonders bei Homer war dies eine Sisyphusarbeit, der ja schon seit 300 Jahren als Schullektüre in allen Griechenstädten in Umlauf war. Auf diese Weise entstand in Alexandria eine neue Wissenschaft, die Philologie. Als Nebenprodukt sozusagen wurden die ersten Grammatiken und Formenlehren zur griechischen Sprache verfaßt. Auch fremdsprachige Literatur wurde im Auftrag der Ptolemäer übersetzt. Das bekannteste Beispiel ist die Übersetzung des Alten Testamentes ins Griechische. Viele Juden, die in Alexandria und anderen Großstädten des hellenistischen Reiches lebten, konnten Griechisch, aber kein Hebräisch mehr lesen. Diese Übersetzung des Alten Testamentes wurde Septuaginta genannt, denn es wird berichtet, daß der König 70 jüdische Schriftgelehrte, jeden für sich und vom anderen abgeschlossen, mit der Übertragung betraute. Am Ende geschah das Wunder, daß alle 70 Übersetzungen im Wortlaut miteinander übereinstimmten. Damit wurde die Heilige Schrift der Juden der griechischen Welt bekanntgemacht.

Von allen Neuausgaben wurden Abschriften angefertigt und überallhin verkauft, so daß ein Teil der ungeheuren Ausgaben durch den Buchhandel wieder eingenommen werden konnte. Den ptolemäischen Königen, den Bibliothekaren und Philologen der alexandrinischen Bibliothek ist es zu verdanken, daß die griechische Literatur bewahrt und wenigstens zu einem Bruchteil bis in unsere Zeit überliefert werden konnte.

Im Jahre 48 v. Chr., als der Römer Cäsar als Geliebter der letzten makedonischen Königin, Kleopatra VII., in Alexandria weilt, um ihr den Pharaonenthron zu sichern, geht bei den bürgerkriegsähnlichen Kämpfen die Bibliothek in Flammen auf, ein unschätzbarer Verlust. Das Ende des letzten selbständigen hellenistischen Reiches unter makedonischer Herrschaft, das Ende des ptolemäischen Ägypten ist gleichsam damit vorweggenommen.

Es gibt keine Frauengestalt des Altertums, die zu allen Zeiten bis in unsere Gegenwart so die Phantasie angeregt hat wie diese letzte Nachfolgerin Alexanders (Abb. 63), die seiner durchaus würdig war. Nicht schön, aber äußerst gebildet – sie sprach mehrere Sprachen fließend, auch ägyptisch –, klug und willensstark hatte sie den Traum, noch einmal ein orientalisches Großreich unter der Führung Ägyptens zu schaffen. Sie wußte, nur mit Hilfe Roms konnte sie ihre Pläne verwirklichen. Rom war die führende Weltmacht geworden.

Nach Cäsars Ermordung – Kleopatra weilte derzeit in Italien –, kehrte sie nach Alexandria zurück, um sich wenige Jahre später mit Antonius zusammenzutun. Antonius und Octavian, die Rächer der Cäsarmörder, hatten das Reich unter sich aufgeteilt. Kleopatra und Antonius heirateten. Aber der gemeinsam verfolgte Plan von einem neuen Reich im Osten, unabhängig von Rom, scheiterte. Rom schickte Octavian. In der Seeschlacht von Actium im Jahre 31 v. Chr. verlor Kleopatra den Thron und Ägypten.

Als Octavian, der zukünftige Kaiser Augustus, in Alexandria landete, begeht Kleopatra durch den Biß einer Kobra, der heiligen Schlange der Ägypter, Selbstmord.

Rom, selbst ein Teil der hellenistischen Welt, tritt das makedonische Erbe an. Am gläsernen Sarg Alexanders steht bewundernd Augustus. Eine Krone aus Gold legt er nieder. Auch die Gräber der Ptolemäer will man ihm zeigen. Er soll geantwortet haben: Ich bin nicht gekommen, um Tote zu sehen, sondern einen König!

Epilog

Die letzte Nacht in Alexandria. Ich sitze noch lange auf dem Balkon des Cecil-Hotels und schaue über den Hafen und zum Heptastadion hinüber, wo die Minarette wie Kerzen brennen. Die dunklen Wellen unter mir schlagen sanft gegen die Ufermauern. Nicht weit von mir, irgendwo tief unter mir, liegt noch immer der tote König – eine romantische Vorstellung – aber, wer weiß es?

Als Sohn eines Gottes, als Sohn Zeus-Ammons, hatte er seine Stadt gegründet. Als er in sie zurückkehrte, war er selbst zum Gott geworden, zu den Unsterblichen aufgestiegen (Abb. 62).

Ein Reich hatte er erobert, aber er starb, bevor er es nach seiner Vorstellung hatte festigen und formen können. Er hatte den Griechenstädten ihre Freiheit genommen, aber durch ihn hatte sich griechische Kultur bis weit nach Asien hinein verbreitet; die griechische Sprache war zu einer Weltsprache geworden.

Orient und Okzident hatten sich gegenseitig durchdrungen; Ideen und Glaubensvorstellungen gelangten von West nach Ost und Ost nach West.

Könige herrschten, die sich in der Nachfolge Alexanders als Götter verehren ließen. Der Himmel war bevölkert von unzähligen großen und kleinen Gottheiten, allzu vielen. Sie verloren ihre Macht über die Menschen.

Auf der Suche nach einer neuen Wahrheit, nach Erlösung, gewannen die Glaubensvorstellungen des Orients und Asiens neue Kraft. Die Erlösungsreligion des Mahayana-Buddhismus erobert Indien und Teile Asiens. Die Lehre Zarathustras mit ihrem Dualismus von Gut und Böse, Gott und Teufel, Licht und Finsternis und einem Reich Gottes am Ende beherrscht die iranischen Völker. Um die Zeit, als Kleopatra ihren Thron verlor und das letzte der Nachfolgereiche Alexanders zu existieren aufhörte, wurde in

Nazareth Jesus geboren. Europa, Alexander, hatte das Morgenland einst mit Waffen besiegt, nun zog die orientalische Religion des Christentums nach Westen, eroberte das Abendland.

Alexander, der zu den Entwicklungen der hellenistischen Epoche den Anstoß gab, hat im Laufe der Zeiten die unterschiedlichste Beurteilung erfahren. Als großer Menschheitsbeglücker, der den Völkern Frieden, Einheit und Gemeinschaft bringen wollte, sahen ihn die einen. Für die anderen ist und war er ein brutaler Gewaltherrscher, Vernichter des griechischen Freiheitsgedankens, ein Abenteurer ohne staatstragende Ideen, je nach eigener Einstellung und Wesensart des Autors, nach seiner Nationalität und den Verhältnissen seiner eigenen Zeit.

Dieses Buch ist kein Geschichtsbuch, erhebt keinen Anspruch auf Wissenschaftlichkeit. Es sind Impressionen, entstanden bei Dreharbeiten zu einem Film, gemischt mit Fakten, deren Auswahl durch die Drehorte selbst bestimmt war. Es ist auch der Versuch, Gegenwärtiges mit Vergangenem zu verbinden, denn das Vergangene ist die Welt, aus der wir Gegenwärtigen kommen, und diese wurde entscheidend mitbestimmt durch die Taten Alexanders des Großen.

Zeittafel des Alexanderzuges

336:	Alexander wird als Alexander III. König von Makedonien.
335:	Alexander unterwirft die Völker des Balkans bis zur Donau. Unruhen in Griechenland. Demosthenes stachelt zum offenen Aufruhr an.
335 Herbst:	Alexander zieht in Eilmärschen nach Griechenland. Theben widersetzt sich, wird eingenommen und völlig zerstört. Erneuerung des Korinthischen Bundes und Aufruf zum Krieg gegen Persien.
334 Mai–Juni:	Alexander setzt nach Asien über. 1. siegreiche Schlacht am Granikos gegen das persische Aufgebot der Satrapen Kleinasiens, darunter griechische Söldnertruppen. Eroberung von Sardes, Milet, Halikarnassos, Lykien.
334/335:	Winterlager in Gordion. Alexander löst den »Gordischen Knoten«.
333 November:	Schlacht gegen die persische Armee unter dem Großkönig Dareios III. bei Issos. Dareios flieht, seine Familie gerät in Alexanders Hände. Briefwechsel zwischen Dareios und Alexander.
332/331:	Alexander zieht in Ägypten ein, das der persische Satrap ohne Kampf übergibt. Zug zum Ammoneion. Krönung in Memphis zum Pharao, Gründung Alexandrias.
331 Spätsommer:	Entscheidungsschlacht gegen Dareios bei Gaugamela. Dareios flieht abermals. Einzug in Babylon. Marsch über Susa durch die »Persischen Tore« nach Persepolis.
330 Frühjahr:	Persepolis geht in Flammen auf. Ende des Rachefeldzuges. Entlassung der griechischen Heereskontingente.
330 Juli:	Dareios III., der letzte Achämeniden-König, wird auf der Flucht von einem iranischen Adeligen, Bessos, umgebracht. Alexander tritt die legitime Nachfolge des Dareios als König in Asien an.

330–327:	Verfolgung des Mörders des Dareios, Eroberung aller iranischen Provinzen im Osten und Norden bis zum Syr Darja in dreijährigem Guerilla-Krieg. Heirat mit Rhoxane.
327 Herbst:	Eroberung der Stämme im östlichen Hindukusch (Nysäer, Aspasier, Assakener).
326 Frühjahr:	Erstürmung des Aornos. Überschreitung des Indus. Taxila.
326 Sommer:	Schlacht gegen den indischen König Poros am Hydaspes (Jhelum), Umkehr am Hyphasis (Bias).
326/325:	Zug zu Wasser und zu Land den Indus hinab. Siegreiche Kämpfe gegen die einheimischen Völker.
325 Juli:	Das Indusdelta bei Pattala (wohl Haiderabad) ist erreicht.
325 Herbst:	Alexander zieht mit einem großen Teil des Heeres an der Küste von Makan (Gedrosien) nach Iran. Katastrophe in der Wüste durch mangelnde Versorgung mit Nahrung und Wasser.
325 November:	Der griechische Admiral Nearchos fährt mit der Flotte entlang der Küste zurück.
324 Anfang:	Alexander wieder in Pasargadai und Persepolis.
324 Frühjahr/ Sommer:	Massenhochzeit in Susa, Höhepunkt von Alexanders Verschmelzungspolitik. Alexander heiratet neben Rhoxane eine Tochter des Artaxerxes III. und die älteste Tocher Dareios' III. Sein engster Freund Hephaistion nimmt die zweite Tochter des Dareios zur Frau. Insgesamt 90 Männer des makedonischen Adels müssen sich mit den Töchtern iranischen Adels vermählen.
323 Frühjahr:	Alexander weilt in Babylon. Eine Heeresexpedition zu Schiff und zu Land zur Erkundigung Arabiens steht kurz bevor, da erkrankt Alexander.
13. Juni 323:	Alexander stirbt in Babylon.

Stammtafel Alexanders

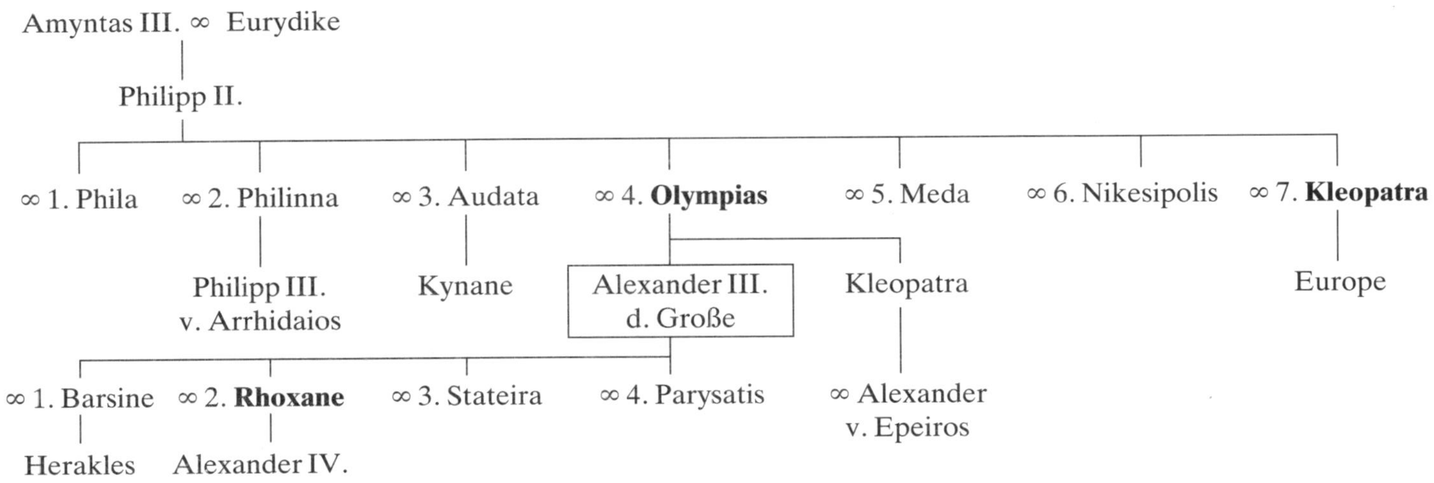

Das blutige Ende des makedonischen Königshauses:

336 Philipp ermordet
323 Stateira und Parysatis von Rhoxane ermordet
317 Philipp Arrhidaios und seine Frau Eúrydike von Olympias ermordet
316 Olympias von der makedonischen Heeresversammlung zum Tode verurteilt
ca. 310 Rhoxane und Alexander IV. von Kassandra ermordet
nach 316 Barsine und Herakles von dem akedonen Polyparchon ermordet

Vergleichende Zeittafel

	IRAN	ÄGYPTEN	GRIECHENLAND	MAKEDONIEN
700	Achämenes, Stammvater der Achämeniden. Das Reich der Meder entsteht.	Gründung der Griechenkolonie Naukratis im Nildelta. Gründung der Griechenkolonie Kyrene an der libyschen Küste.	625 Gesetzgebung des Drakon in Athen.	Die Makedonenstämme des Berglandes siedeln in der Ebene des Haliakmon-Flusses.
612	Medien erobert Assyrien, Zerstörung von Niniveh.			
600	559–530 Kyros II., der Große, der Achämenide, Begründer des Persischen Weltreiches; Hauptstadt Pasargadai. 550 Medien wird einverleibt. 547 König Kroisos von Lydien besiegt, Kleinasien persisch. 539 Babylon mit Syrien erobert. 530 Ost- und Nordiran persisch.	570–526 Pharao Amasis um 570 Bau des Zeus-Ammon-Tempels durch Baumeister aus Kyrene. 525 Ägypten durch Kambyses erobert (Untergang des Perserheeres auf dem Zug nach Siwa).	593 Gesetzgebung des Solon in Athen. 560 Peisistratos, Tyrann von Athen.	Aigai, Hauptsitz der makedonischen Könige.

	530–522 Kambyses II. 522–486 Dareios I., der Große. Bau der Residenzen Persepolis und Susa. 516 1. Zug nach Europa gegen Thraker und Skythen. Eroberung des Induslandes.			
500			500 Beginn des Aufstandes der Griechenstädte Kleinasiens gegen die Perser. Beginn der Perserkriege.	495–ca. 450 Alexander I. Philhellen Makedonien persischer Vasallenstaat
	490 Dareios landet mit der Flotte bei Marathon in Attika. 486–465 Xerxes 480 Xerxes zieht zu Land und zu Meer gegen Griechenland, zweimalige Zerstörung Attikas und der Tempel auf der Akropolis von Athen. Schlacht bei Salamis. 479 Schlacht bei Plataä		490 Sieg der Griechen bei Marathon unter Miltiades. 480 Seesieg unter Themistokles bei Salamis. 479 Sieg der Griechen unter Pansanias bei Plataä. 478/7 Gründung des Delisch-Attischen Seebundes.	
	465–423 Artaxerxes I.	ca. 460 Erhebung in Ägypten gegen die Perserherrschaft mit Hilfe Athens, jedoch fehlgeschlagen.		

	IRAN	ÄGYPTEN	GRIECHENLAND	MAKEDONIEN
			450 Seesieg der attischen Flotte bei Zypern gegen die Perser.	450–415 Perdikkas II.
	448 Sogenannter Kalliasfrieden zwischen Persern und Griechen.		448 Kalliasfrieden	
			431–404 Peleponnesischer Krieg. Ende der Vormachtstellung Athens. Athen und Sparta mit ihren jeweiligen Bundesgenossen bekämpfen sich bis zur völligen Ohnmacht.	413–399 Archelaos Pella ist neue Hauptstadt. Zeuxis, der Maler und Euripides, der Dichter, halten sich am Makedonenhof auf.
	423–404 Artaxerxes II.			
	404–359 Artaxerxes III. Persien unterstützt wechselweise die griechischen Stadtstaaten mit hohen Bestechungssummen im Krieg gegeneinander.	404 erringt Selbständigkeit vom Perserreich mit Hilfe griechischer Söldner.		
400		29.–30. Dynastie	399 Hinrichtung des Sokrates in Athen.	
	387 Friedensverhandlungen in Susa: Die Griechenstädte Kleinasiens gehören wieder zum Perserreich.			
			386 Königsfriede oder Kalliasfriede: Der persische Großkönig hat nach diesem schmachvollen Friedensdiktat das Recht über die Vereinbarungen auch innerhalb Griechenlands zu wachen. Defacto bestimmt er die Politik in Griechenland. Persische Bestechungssummen fließen weiter an die einzelnen Stadtstaaten. Isokrates ruft zur Vereinigung der Hellenen auf.	359–336 Philipp II. von Makedonien.
				356 Alexander wird geboren. Philipp führt eine Heeresreform durch. Makedonien steigt zur Großmacht auf.
			349 erste Rede des Demosthenes gegen Philipp (1. Philippika).	

347 Artaxerxes erobert Ägypten.		347 Platon stirbt. 346 Aufruf des Isokrates an Philipp, die Griechen zu einen (Philippos 1).	
	343 Ägypten gerät erneut unter persische Herrschaft.		343 Aristoteles wird zum Lehrer Alexanders bestellt.
		340 Demosthenes bringt einen hellenischen Bund gegen Philipp zustande.	
338/337 Tod des Artexerxes III.		2. Aug. 338 Thebaner und Athener werden bei Chäronea besiegt. Das Zeitalter der griechischen Stadtstaaten ist zu Ende. Dez. 338 Gründung des panhellenischen Bundes in Korinth mit Ausnahme Spartas.	338 Philipp und Alexander schlagen das Griechenheer bei Chäronea. Dez. 338 Philipp zwingt die Griechenstaaten zu einem Bund zusammen. Makedonien gehört nicht dazu. Der Makedonenkönig ist jedoch auf ewig Bundesfeldherr.
337/336 Arses		337 Aufruf in Korinth zum panhellenischen Rachekrieg gegen die Perser.	
336/335–330 Dareios III.			Frühjahr 336 Die Generäle Philipps setzen nach Kleinasien über Sommer 336 Philipp wird in Aigai ermordet. Alexander III. wird König.

Register

Bildnachweis

Abb. 4: Grabfresko: Pluton raubt Persephone: Vergina. Manolis Andronicos, Athen 1984
Abb. 5: Elfenbeinporträt Philipps: ebd.
Abb. 6: Elfenbeinporträt Alexanders: ebd.
Abb. 7: Satyrkopf: ebd.
Abb. 9: Grabhaus Philipps: ebd.
Abb. 10: Philipp auf Löwenjagd, Umzeichnung aus: Vergina. Manolis Andronicos, Athen 1984
Abb. 13: Der angreifende Alexander vom Alexandermosaik: Archäologisches Institut der Universität Frankfurt/Main
Abb. 15: Der fliehende Dareios vom Alexandermosaik: ebd.
Abb. 29: Dionysos segelt über das Meer: Foto-Studio Koppermann, München
Abb. 50: Klagefrau, Terrakotta: Pergamon-Museum Berlin
Abb. 62: Alexander-Kopf aus Pergamon: Fotoarchiv Hirmer, München
Abb. 63: Kleopatra: Antikenmuseum Preußischer Kulturbesitz, Berlin
Abb. 1–3, 8, 11, 12, 14, 16–28, 30–49, 51–61, 64: Archiv Borchhardt